起業家のための
マーケティングバイブル

株式会社ウェイビー代表取締役社長
伊藤 健太

まえがき　「マーケティングを知らずして起業をするな」

病気をきっかけに、23歳、事業プランなく、資本金5万円、小学校の友人４名で起業してからの約7年間。

振り返ると、お金のないところから、いかに効果的に、最少のコストでサービスをつくり、サービスや会社を成長させるのか？　ということをずっと考えてきました。

起業から7か月間売上が全くたたず、カードによる借金を積み増し、廃業するしか道はないのでは？　という絶望も味わいました。

人よりも多くのことにチャレンジし、多くの失敗を経験してきました。また、自分だけの経験ではなく、数千社という起業支援の中で、失敗・成功してきた会社、サービスを通じて得たマーケティングの考え方、経験などを、全て本書に書きたいと思っています。

1人でも多くの起業家が、お客さまに驚かれるような素晴らしいサービスで、世の中を良くしてほしいという想いでいっぱいです。

1回限りの人生、他と一緒ではなく、あなただけの価値を社会に打ち出しましょう。

僕のアドバイスに間違いがあるかもしれません。また例外などもあるかもしれません。

ただ、あなたのやるべきことは何が正しいかを探すことではなく「行なう」ことです。

起業は学習するものではなく、実践することにつきるのです。

伊藤　健太

目次◉起業家のためのマーケティングバイブル

第1章

起業家が知っておくべき基礎的マーケティング術

これからは御客に親切に尽くすことが一番大切である。
親切という事は口先だけの親切ではいかぬ。
腹のどん底から出た、命がけの親切でなくてはいけませぬ。

日々翁助（三越創業者）

1 マーケティングは人間の成功法則&会社経営そのものということ

▼そもそもマーケティングとは何か

僕がセミナーなどでマーケティングについて聞いてみると、いろいろな答えが返ってきます。市場調査、物が売れるようになるために仕組み、お客さまを決めること……。このように、人によってマーケティングの定義はさまざまです。

あなたはドラッカーをご存知でしょうか。一時は『もしドラ(もし高校野球の女子マネージャーがドラッカーの『マネジメント』を読んだら)』という本が流行り、映画化もされました。日本だけでなく世界的にも有名な経営学者です。経営者のなかにも、ドラッカーのファンだという人はたくさんいます。

ドラッカーが言っていることはシンプルです。「企業の目的は顧客の創造である」。それだけです。そのシンプルなメッセージにすべてが込められています。ドラッカーの真意はわかりませんが、お客さまが僕達のところに来てくれるということが、僕達が存在している唯一の目的ということです。当たり前ですが、お客さまが全くいなければ、企業は存在している必要がありませんよね。

▼マーケティングは「お客さまに価値を提供する」こと

ドラッカーは「顧客の創造」を企業の目的だとしています。これは、僕たち、つまり供給者サイドの目線です。

見方を変えて、お客さまサイドで考えてみると、「なぜその会社を選んだのか？」ということです。そこには何かしらの理由があることが分かります。お客さまがその会社やサービスを選んだその理由のことを価値というわけです。

まず、お客さまがいなかったら、会社は存在している必要がありません。もしお客さまがゼロだったら、そもそも会社の存在意義がないのです。

ですので、お客さまに来てもらわないとはじまりません。そう考えると、マーケティングとはつまり、三段論法的に言えば、「お客さまに、価値を提供すること」になるのです。

そして、お客さまに、価値を提供することによって、お客さまを喜ばせることができるようになります。**お客さまを喜ばせることが、会社の目的なのです。**

▼売上は究極の「目的」ではない

一方で、お客さまからの評価としては、「売上」という指標もあります。この売上については、どのようにとらえればいいのでしょうか。

そもそも売上というのは、お客さまに価値を提供した結果、その対価としてもたらされる結果です。どんなに素晴らしい活動をしていても、どんなに先鋭的な取り組みをしていても、お客さまに価値を感じていただけなければ、売上があがることはありません。

たとえば、売上の大きな企業について考えてみてください。社会に対して、そしてお客さまに対して、それに見合うだけの価値を提供しているはずです。つまり売上とは、**「あなたが提供している価値に対する、お客さまからの評価」**と、とらえられるのです。

ただし、ここで注意が必要です。あなたはなぜ、会社を経営しているのでしょうか。あるいは、なぜ事業を営んでいるのでしょうか。売上をあげるため？　いいえ、そうではありません。会社の究極的な目的は、「社会に価値を提供し、お客さまに喜んでもらうこと」です。

その点を勘違いしないように注意してください。つまり、**売上とは結果であり、会社の目的ではないということです。**

お客さまを今よりももっと喜ばせるための手段として、お金があるのです。たとえば、既存のお客さまを今よりももっと喜ばせようと考えたとき、あなた1人がどんなにがんばっても、できることには限界があります。

しかし、売上を増やすことによって、活用できるリソースが増えればどうなるでしょうか。

まず、増えた資金を使って、優秀な人を雇い入れることができます。そうすることで、これまで自分が行なってきたお客さまを喜ばせるサービスに加えて、さらに新しいサービスも行なえるようになります。また、お客さまのフォローについても、よりきめ細かく行なえるようになるのです。その結果、お客さまはこれまでよりももっと喜んでくれるでしょう。

また、売上が増えることによって、お客さまを含めたすべてのステークホルダー（取引先など）、および社会全体に対する影響力も高まります。たとえば、広告を大々的に活用することで、より多くの方にあなたの商品やサービスが認知されるようになります。するとどうなるか。これまで、競合他社の商品やサービスを使っていた人が、新しいお客さまになります。あなたの会社が提供している価値が、競合他社のものよりも優れているのであれば、結果的に、社会全体の満足度も高まることになるのです。会社の社会的評価が高まれば、取引先の信用も高まります。

このことからも分かるように、**売上というのは目的ではなく、お客さまの満足度を高めたことの結果であり、またそれがお客さまを喜ばせるための手段となります。**

経営者のなかには、売上を一番の目的だと勘違いしてしまっている方も存在しています。しかし、それは間違いです。理屈で考えても、ビジネスの根本的な思想としても、「売上＝目的」になってしまうことは、正しい発想ではないのです。

▼稼ぐ力を最短・最速で身につける

起業したての人からよくうける相談に、「自分は何をしていいのかわかりません」というものがあります。つまり、やりたいことやビジネスモデルが明確に決まっていない人が多いのです。でも起業をしたいと。

その人は、とにかく悩みます。「そもそも自分は何がしたかったのか？」「どんなビジネスモデルであれば大きく成功することができるのか？」などと、ひたすら考え続けるのです。

しかし、いくら悩んでも結論に至ることはなかなかありません。なぜか。問題意識などは、会社経営をするなかでより深まっていくものなのです。「ああ、自分のやりたいことはこうだった」と、そのときになって腹落ちすることもあるのです。経験をしていく中で、自分のやりたいことが見えてきたり、よりクリアになっていくことが多いのです。もちろんこれまでの経験の中で自分のやりたいことが明確な方は問題ありません。

自分本位で事業について考えてみたところで、優れた結論が得られることは少ないように思います。机上で悩み続けていても、時間とお金がなくなっていく一方です。その結果、焦ってしまって良い判断ができません。

では、どうすればいいのでしょうか。大切なのは、いち早く走りはじめることです。商品をつくり、サービスを構築し、社会に価値を提供する。そして、お客さまの反応を確認し、意見を聞き、改善を加えていく。その流れのなかで、「自分は社会に対してどんな価値を提供したかったのか？」「どんなビジネスであればよりお客さまに喜んでもらえるのか」と、リアルに考えられるようになるのです。そういう意味で、お客さまにいち早くサービスを届けることを考えるべきです。それ以外のことはリソースの少ない起業家にとってはある意味無駄にもなりえます。

漠然と起業したい、でも何をしたらよいかわからないという人は、稼ぐことにフォーカスすべきです（稼ぐというと少し勘違いをされてしまいそうですが、売上＝お客さまを喜ばせた結果です。本当に自分がお客さまを喜ばすことができるのか、を早く、小さくでよいので確認すべきです）。「何」という対象を考えることも大切ですが、何でもよいので稼ぐことにフォーカスすることも段階として必要だと思います。とにかくやるべきことは、お客さまを喜ばしてみることです。自分の持っている何か専門性があるのであればそれをものすごく簡単で良いので形やサービス、アウトプットとして人に提供してみることです。

▼起業家がなかなか売上を出せない理由

起業直後に起業家は、大きく2つのことをしなくてはなりません。

・1つは、サービスや商品をつくること
・もう1つは、つくったサービスや商品を販売すること

この2つの役割は、全く異なる、極めて専門性の高い技術や能力が求められるものです。しかし、起業家は、この2つの役割を果たさなくてはなりません。ソフトバンクが拡大した原動力はアイフォンですよね？　ただしアイフォンをつくったのはソフトバンクではないですよね。つまりこの2つの役割は自社のみでやるのでなく他社と協業して行なうこともあるのです。

▼起業家はお客さまのGOALを目指す！

よい商品というものは、世の中に山のようにあります。

そのため、そもそもまず本当に、自分がよい商品やサービスをつくることができるのか、ということを考える必要があります。

良い商品というのは、自己満足でなく（主観）、お客さまにとってという視点と、他社

比較（客観的）で良い商品かということが大切です。自己満足的な商品では売れません。また、ほとんどの起業家は、後発で業界に参入していくわけです。

今ない商品やサービスであれば、先行者利益として、商品優位性というのはあるわけですが。でもそうでなく、既にある市場に後発で入る場合には、後発として、先発企業との違いを考えなくてはいけません。仮に、他社比較で良い商品が出来たとして、今度はお客さまに知っていただき、買っていただく必要があります。

すごくわかりやすく考えます。営業マンの中には、同じ商品・サービスを扱っていても1億円売る人もいれば、全く売れない営業マンもいますよね。

この差というのは、人によって必ずつくわけです。

良いものはつくれても、売れない会社が多いのは、売り方がわからないからですよね。（ゴリゴリした対面営業だけの話ではなく、ウェブを活用したり、さまざまな販売方法に共通）

何が言いたいかと言えば、良いものでも、売る力、売る仕組みがないと売れないということです。一方で、売る力や売る仕組みを持っていても、良い商品（競合優位性あるもの）でないと普通は売れないという関係なわけです。

この2つの全く異なる役割が必要なことを知ることが、実は起業の成功確度を上げる契機になります。どちらが大切ということでなく、まず2つの要素が組み合わされてはじめて商品・サービスが売れるということを理解してください。

■できる起業家ほど、役割分担、自分の得意な部分にフォーカスをする

①自分の得意なこと、苦手なことをわけて、得意な人とチームを組む発想を持つこと

自分が売ることが得意な場合には、よいサービスや商品をつくれる企画が得意な人と組むとうまくいくかもしれません。逆もしかり。それぞれの人間には、得意・不得意がめちゃめちゃあるわけです。うまいチーム編成の軸になります。

②もう1つは、2つの役割のどちらかは、まずは諦めるという発想を持てるかということ。

実は、この2つの役割のどちらかができるだけでも、ビジネスは十分にできてしまいます。わかりやすく言えば、営業代行の会社、テレアポの会社、DM会社などは営業力（販売の部分の力）という1つの役割にフォーカスしてビジネスをしているわけです（もちろん、販売力にフォーカスしても、自社のサービスをつくることはしなくてはいけません）。TOYOTAにしても、大手の損保会社などは逆に、基本的には自社ではものは売りませんよね（販売代理店がいます）。商品・サービスづくりにフォーカスしています。先に述べたソフトバンクもまさにそうでした。

上記2例に共通する大切な発想として、自社のリソースのみでビジネスをやらないということです。自社だけでビジネスが完結するわけではありません。

上手く、自分達の弱み、苦手なことを、補完しあえる、外部リソースとの提携などをすることが大切になります。

▼ビジネス＝合気道としてとらえることができるか？

ビジネスを合気道のように捉えてみてください。

相手の力をうまく利用して、自分は、自分だけのときの力の数倍の力を発揮することができます！　この相手の力（外部リソース）をお借りするという発想はとても大切です。

特に、起業したてというのは、全くリソースがありません。そのため、欲張るからうまく立ち上がらないということがよくあります。

欲張らないで、会社の役割（＝強み）、価値を絞り込んで、強みづくりに全リソースを割くことです。その集中が、起業の離陸を早める方法だと思います。

集中の度合いについてですが、極端なことをいえば、Ｗｅｂを使って商品・サービスを売ろうと思っているのであれば、ほぼ全ての時間をＷｅｂサイトの構築、コンテンツづくりにあてるべきです。名刺をつくろうとか、紙の販促物をつくろうとか、リアルな営業をやってみようなどいうことは必要ないと思います。もちろんタイミングに応じて、営業方法を複線化していくことはよいと思いますが、起業したての段階では、本当にあれもこれもと手を出し、どれも結果が全く出ない起業家が五万といます。本当に絞込みをしましょう。まずあなたがやるべきは、自分のアクションによって、売上をつくったという経験をすることです。そのためには、やるべきことをとにかく明確にして、他社よりも、量&質をこなすことが必要になります。全てを上手くやろうなんてできません。そのため、絶対にしなくてはいけないことだけ、やりとげましょう。

■起業家はサービスをつくっては失敗する!?

ビジネスの世界で、お客さまの期待に対して、誠実・真摯であることがとにかく大切です。お客さまの期待しているものを実現できれば、ビジネスはどんどん加速していきます。

僕たちはサービスを売っているわけではなく、お客さまの目的の達成や問題解決のお手伝いをしていることを忘れてはいけません。

サービスを売っていると、サービスを売った瞬間に、売り主は目的達成だと考えます。そのサービスによって、お客さまの目的が本当に達成されるのならばよいのですが、サービスが役に立たないこともしばしばあります。

お客さまの期待する結果を出すことができ続ければ、その会社は成長し続けます。

サービスをつくっているのではなく、お客さまの問題解決を目的にしなくては本末転倒になります。

目指すべきはサービスを生み出すことではなく、お客さまの問題解決をし続けることです。一番フォーカスすべきものは、それをいち早く、できるような考え方、体制づくりをすべきです。

2 会社や商品・サービスの成功は全てお客様にはじまり、お客様に終わる

▼会社が存在している理由を知っておこう

起業家の方は、いろいろな活動をしなくてはいけません。販売、営業、集客、経理。その根底にマーケティングがあると理解してください。

では、僕が考えるマーケティングの定義とはなにか。それは「お客さまのためになる価値を提供し、お客さまを豊かにする」ということです。それがマーケティングです。

たとえば、市場調査や新しい商品を作ること、あるいは売れる仕組みをつくることが

マーケティングだと考えている人は多いと思います。

でも、「そもそもなぜ商品を売るのか？」「なぜ市場調査をしないといけないのか？」を考えてみてください。おさらいすると、お客さまが抱える問題を解決するために、商品やサービスを提供することが企業の存在理由なのでした。

つまり、市場調査や新しい商品をつくることは、企業の存在理由から考えると手段でしかありません。目的ではないのです。

なぜ市場調査をするのか。「自分たちの仮説は合っているのか？」「お客さまは何に困っているのか？」を知るためです。その問題を解決するのが企業の目的であって、その方法を知るための手段として調査をするのです。

なぜ売れる仕組みをつくりたいのか。なかには、「自分が儲かりたいから」という人もいるかもしれません。でも、それでは長く続きません。なぜなら、お客さまの役に立った結果はじめて得られるのがお金だからです。

そして売上は、さらにお客さまの役立つために使用する原資となります。お客さまに価値のある商品やサービスをつくり、提供する。自分がいい商品を持っているときに、より多くの人に知ってもらうために宣伝する。そのためにはお金が必要ですが、儲かる仕組みをつくるという作業も、企業の目的から考えれば手段でしかないのです。

マーケティングはツールではありません。企業の目的である「お客さまを守る」「お客さまを豊かにする」ということを達成するための根源的な考え方なのです。市場調査にも、研究開発にも、マーケティングのエッセンスが必要となります。

マーケティングとは何かと問われたら、**「お客さまを守る」「お客さまを豊かにする」**という発想のことだと、考えるようにしてください。

▼お客さまを幸せにすること

よく「営業したくありません」と、商品やサービスを売ることに対して、ネガティブな態度の人がいます。また売上をつくるために営業しているんだと思っている人もいます。

そもそも、自分のサービスは、相対的、もしくは比較ができないレベルで、自社にしかない価値をつくっていかなければいけません。その状態に持っていく、キープし続けることが企業の最優先でやるべきことです。

一方で、お客さまにとって価値のある商品やサービスをつくったのにも関わらず、お客さまがそのことを知らなかった場合、お客さまはサービスレベルの低いものを買うことになります。

つまり、相対的に考えると、お客さまが不幸になっているわけです。なぜなら、もっといい商品があったのにも関わらず、知らなかったのですから。

僕はよく刑法の話をします、刑法でいうと、作為・不作為の概念というものがあります。作為というのは、「僕がナイフであなたを刺しました、そしてあなたは死にました」というものです。これは明らかに、僕の作為によって起きた殺人、つまり犯罪です。

実は、殺人にはもう1つ種類があります。ここに100mの落とし穴があるとします。あなたがここを歩いてきて、僕は「あ、あの穴に落ちたら死ぬな」ということを認識していたのにも関わらず止めなかったら、刑法上「不作為の殺人」になるのです。なぜなら、死ぬと分かっていて放置した（不作為で殺した）のですから。

マーケティングの考え方も同じです。なぜ営業活動をしないといけないのか。それは、お客さまに対して、不作為の不利益を与える可能性があるからなのです。

素晴らしい商品やサービスを持っている会社ほど、しっかりとお客さまにそのことを伝える努力をしなければ、それは不作為の不利益を与えていることになります。だから営業活動をしなければいけないのです。

そもそも「お客さまを幸せにする」という考えが本当に身に付いていれば、お客さまを守るために「そんな商品を使っちゃダメです！」と伝えるはずです。そのように考えることで、義務的に行なう弱い営業ではなく、本当に強い営業ができるようになります。

強い営業とは、ゴリゴリした営業という意味ではなく、自分たちのお客さまへの想い、商品・サービスにプライドを持ち、商品への理解があり、しっかりと他社と自分たちとの違いが分かっていて、お客さまに信頼されることです。お客さまを守るため、喜ばすためにそもそも、やっているわけなので。

多くの営業マンは、自分たちの商品の価値を、もっと言えばマーケティングをちゃんと理解していないので、「会社の売上になるので売っている」と思っています。そうではないのです。そもそも会社の売上というのは、お客さまに価値提供できた結果なのです。マーケティングを理解できていない営業マンは、ノルマへの恐怖や「売りたくない」という感情など、ネガティブな気持ちを持っているのです。しかし結局は、お客さまを幸せにしたいという気持ちが足りていないだけなのです。

問題を抱えるお客さまの役に立ち、その結果売上があがり、企業が成長し、さらにお客さまの役に立てるようになるのです。だからこそ、お客さまにしっかりと価値を提供していかなければなりません。そのような気持ちがあるかないかで、商品やサービスの売れ行きは変わっていきます。

▼マーケティング＝創業者メンタリティ

本当にお客さまを幸せにしない限り、自社が存在している必要もないし、存在できません。だからこそ、価値を提供し続けなければなりません。

一方で価値は、時代や環境が変わった瞬間に、変化していきます。自分勝手な考えをもち、自分たちの都合だけ考えて会社経営をしてしまうと、過去の価値に安住してしまいます。

そういった会社では、「価値を変えていこう」という発想は起きません。お客さまに対して、「今よりも価値の高いものを提供していこう」という気概が無いためです。

お客さまがいなければ、会社が存在している意味はありません。そもそも存在意義がないのです。これは、ビジネスにおける絶対の出発点です。

人事や経理や営業など、どの会社でも複数の部門を持っているものですが、それもすべてはお客さまを豊かにするという、目的のためなのです。

ある自動車会社のエンジニアが、「私はお客さまとふれあうことがないので、何のために働いているのかわかりません」と言っていました。それでは困ります（組織の問題で、規模が大きくなればなるほど、一般的には出てくる問題です）。

すべての部門はお客さまのためにあり、それを理解することで、生産性はじめ役割が変わりもっと価値を生む仕事につながっていきます。

一方で創業者は、自分たちの役目を熟知しています。いわゆる「創業者メンタリティ」があるのです。この創業者メンタリティが、各部門や新人にシェアされれば、「マーケティング＝お客さまのために」ということが会社一体となって体現できると思います。

創業者メンタリティの有無が、ビジネスパーソンとしての価値観や、個人の生産性を大きく変えるものとなるのです。

「創業者メンタリティ＝マーケティング」と考えても構いません。いい創業者というのは、必ずお客さまを大切にします。自分のためではなくて、社会に価値提供するという想いを持っている創業者の気概は、マーケティングの定義とイコールなのです。

3 商品・サービスづくりの一番の肝とは？

▼一番大切なことはお客さまを守るということ

大きな軸で言うと、A社とB社があった場合、どちらがよりお客さまを守っているのかという視点でみると、商品・サービスのつくり方の大きな参考になります。

もっともお客さまのことを大切にしていて、守っていて、お客さまに価値を提供している会社は、当たり前ですが、お客さまから選ばれます。選ばれない理由がないのです。

だからこそ、僕たちがつねに考えなければいけないのは、自社の利益ではなく、「お客さまのことを守っているか」「もっと役に立つ価値を提供できるのではないか」、ということです。それが会社経営の本質であり、**マーケティングということなのです。他社と比べるべきは売上でなく価値やお客さまをどちらが守っているかです。**

なかには「マーケティングをやったことがありません」という人もいます。でも、「お客さまを守る」「お客さまを豊かにする」という定義から考えてみれば、企業におけるすべてのプロセスにマーケティングが含まれていることになります。あなたも無意識的に実践しているはずです。

マーケティングの根底にあるべき考え方は、自分はどの競合よりも「お客さまを守るんだ」「いい価値を提供していくんだ」という気持ちです。それがもっとも重要なことなのです。

▼中小企業の社長がホームページ制作をする目的とは

この定義を体現するとどんなサービスになるのか。この定義を理解し、実行している会社がどれだけ強いのか。また、他の会社ができてない、どのような価値のあるサービスを提供しているのか。紹介したいと思います。

紹介するのはホームページ制作のサービスについてです。

ある中小企業経営者のアンケートの中に、「ホームページ制作をして上手くいったと思いますか?」という項目があります。実は、8~9割ほどの人が、「成功したとは思っていない」と回答しているのです。

つまり、失敗したと思っていると思っているのです。

そもそも、ホームページ制作をしたいと思っている社長の目的は何でしょうか。多くの場合、「新しいお客さまが来てくれたら」と考えてWeb(主にホームページ)制作を依頼しているわけです。その結果、会社の売上が上がる。それが目的なわけです。

この点を理解しておいてください。お客さまは売上UPという目的を達成するために、ホームページをつくるための予算を確保しているわけです。

ホームページをつくっている会社は、実際、山のようにあります。個人事業主の方や、フリーランスの方もいますよね。しかし、多くのサービスは、売り上げUPという目的に沿っていません。

お客さまは集客がしたくてホームページをつくっています。けれど、制作会社や個人事業主の人は、ホームページを納品して、インターネット上に設置することをゴールにしています。

つまり、制作会社は納品することがゴールなのです。ですので、お客さまとのゴールが違います。お客さまはホームページを納品してもらうことがゴールではありません。それはあくまでもプロセスであり、手段なのです。

一方で、制作会社は納品がゴール。その結果、制作したサイトが1年間でどれだけ売上を上げたのかを観測してない。これは、目的から考えて、本来はおかしいことです（お客さまの目的と制作会社の目的がずれてしまっているので仕方ないのですが）。

お客さまは、ホームページで売上が立つこと、新規のお客さまが来てくれることを目的にしているのにも関わらず、多くの会社は納品して終わり。お客さまの目的が果たされたかどうかなど、見方によっては、制作サイドは自分のできることを提供しているにすぎません。気にしていないのです。

つまり、お客さまの目的に真の意味ではコミットしていないのです。だからこそ、多くの会社は、「ホームページをつくってもらったものの、ぜんぜん依頼が来ません」と、困っているのです。

一方で、僕たちウェイビーが行っているホームページ制作をご紹介いたします。

僕たちのサービスは、お客さまから100万円の予算をもらった場合、制作したサイトから年間で100万円以上の売上がなかったとしたら、その差額を返金するという内容のものです（そうでないプランもあります）。

なぜそんなサービスをつくったのか。その理由は、「なぜお客さまが僕たちに依頼をしているのか」ということから考えれば分かるはずです。

▼お客さまの目的にコミットしたサービスづくりの考え方

多くのサービスは、自分が提供できる価値をサービス化しているのですが、そうすると、お客さまが求めているサービスとの間にギャップが生じやすくなります。このギャップが、お客さまの不満になるわけです。

僕たちがやっていることはとてもシンプルです。お客さまの目的に応じてサイトをつくっているだけです。お客さまは集客がしたい。だから僕たちは、集客ができるホームページをつくる。ただのホームページではなく、集客できるホームページです。

それが目的に沿ったサービスの提供なのです。納品して「ありがとうございます」ではなく、納品してからが勝負なのです。つまり、ホームページから集客できる状態にするというのが、僕たちが本当にやらなければならないことなのです。

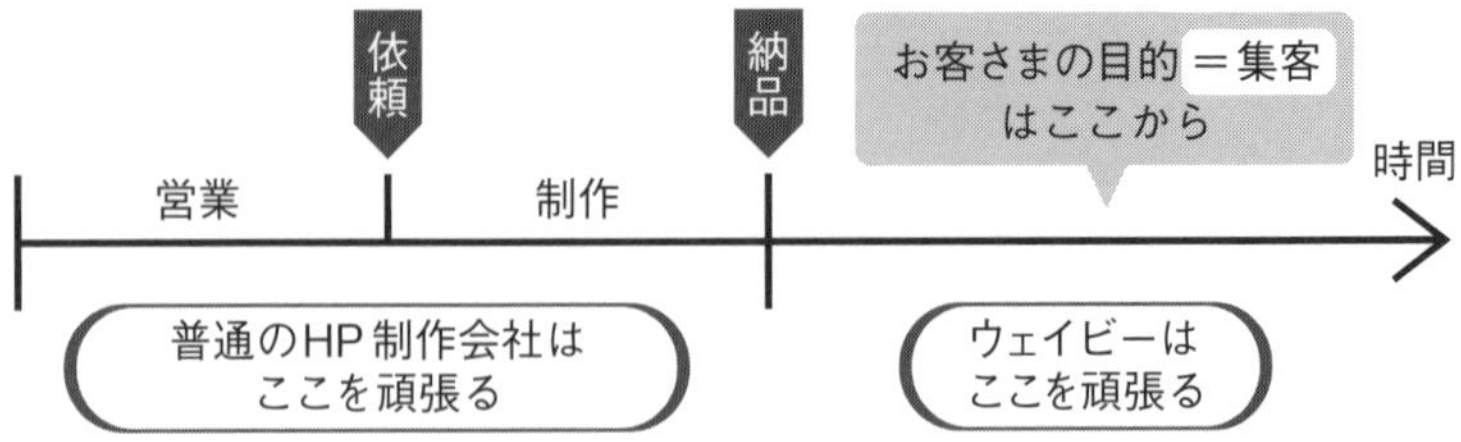

普通のホームページ制作会社と僕たちがやっていることは、まったく別のサービスです。お客さまに対して約束していることも、まったく違います。

AとBの会社があったとします。Aはホームページをつくって納品して終わりという会社。Bは集客できるホームページをつくる会社。ホームページをつくることが目的なのではなく、納品したホームページからお客さまが来るということを保証してくれる会社です。

このような違いがある場合、あなたは、どちらの会社に依頼したいと思いますか。ほとんどの場合、集客を保証している会社に依頼するのではないでしょうか。目的に沿っているのですから、当然です。

▼「お客さまを守る」という強い気持ちをもつ

僕たちは何のために存在しているのか。それは、お客さまを守るためです。

もし、お客さまを傷つけたり、損をさせたりしているのであれば、市場から撤退するか、厳しいことを言えば会社経営をやめた方がいいのです。その会社が生き残れるわけもなく、やっている意味もありませんので。

本当にお客さまのことを守ろうと考えているのであれば、自分たちが率先してリスクを取っていかないといけません。ですので、自分たちを守ることよりも、お客さまを守るために、集客の保証をつけているわけです。僕たちが存在できるのは、お客さまがいて、喜んでくれるからです。

もちろん、ただホームページを納品して終わりにした方が、よっぽどラクです。けれども、自分がラクをしたことによって、お客さまが傷つくかもしれない。それでは、お客さまを守れていないわけです。

そうではなく、「自分たちがしっかりとお客さまを守っていくんだ」という軸で考えていくと、強力なサービスが生まれます。

多くの会社は、お客さまを本当に守ろうとは思っていないように思います。結局のところ、自分たちのことを守ろうとしているだけなのです。僕自身も圧倒的な至らなさにより時にはお客さまとの約束を守れないこともあり、苦しい思いをすることもあります。反省&改善の毎日です。

あなたに「お客さまを本当に守ろう」「オンリーワンな価値を提供しよう」という気持ちがあれば、あなたのサービスは劇的に変わります。他の会社ができない圧倒的に強いサービスになるのです。自分を守ってはいけませんよ。

もともとウェイビーには、ホームページ制作の実績や経験があったわけではありません。しかし、お客さまの目的にコミットすることで、年間で100件近くの依頼をいただけるようになっています。

現状、ホームページの制作単価はものすごく安くなっています。その中にあって、僕たちは業界平均3～4倍の料金で制作しています。そういう相談が僕たちのところに来るようになっているのです。

また、僕たちが集客にコミットし、それが実現した場合には、他のお客さまを紹介してもらえることもあります。

本当にお客さまを守りきれるようなサービスがつくれれば、あなたのサービスの単価は高くなります。お客さまからも感謝されるし、リピートや、紹介をいただけることも増えるのです。

4 売上は何からできているのか　売上の3要素を理解しよう

▼全世界の起業家共通　売上の3要素とは

そもそも売上とは、次の3つの要素から構成されています。

①顧客数（新規顧客＋既存顧客）
②購入単価
③購入頻度

この3つの要素は、これまで習ったどの公式よりも大切になります。

顧客数、特に新規顧客を、前年の20％アップさせ、既存顧客の購入単価を1.5倍にしましょう。そのために…という戦術を行ないましょうと、やるべきことが相当にクリアになるわけです。

ただ売上を2倍にしようと精神論的に目標を立てるのとわけが全く違います。

▼売上の3要素に注目するだけで新しいビジネスが生まれる

この売上の3要素に注目し、従来のビジネスモデルを当てはめるだけで、いろいろなアイデアが浮かんできます。たとえば、俺のフレンチなどを展開する、俺の株式会社は、ミシュラン級の料理を、もっと気軽にお手頃に利用できるというコンセプトです。

では、ミシュランのお店を売上の3要素で見てみると、頻度や客数が少ないことがわかるわけです。そのため、食材原価や家賃などの経費を人数で割るといただく費用を高くせねばビジネスとして成り立たないのです。

逆に、頻度をとにかく高めることで、客数もアップすることができれば、1人あたりにかかる費用は安くなると考えたわけです。そこで頻度を上げる方法として、「立ち食い」という秘策に打って出るわけです。立ち食いにすることで、滞在時間が短くなること、椅子を置かなくてよいので、1回あたりに入れる人の数が増しますよね。このことによって、手軽な料金で本格的な料理を楽しめるという、全く新しいレストランができあがったわけです。この3要素を、自分の業界にあてはめて考えるだけで今はない新しいビジネスアイデアが浮んできませんか?

▼3つの要素でどれが一番変化させやすいのか?

では、これら3つの指標のうち、増やしやすいのはどれだかお分かりでしょうか。実は、購入単価、購入頻度、顧客数の順番で上げやすい、と一般的には言われています(もちろん業種などによる違いはあるかと思います)。

しかし実際には、購入単価や購入頻度ではなく、顧客数を増やそうと躍起になっている方が多いのが実情です。その理由は、「単価を上げてしまうとお客さまが離れてしまうのでは?」という不安があるからだと思います。また、売上=顧客数と思っている人が多いこともあるかと思います。

でも、考えてみてください。値上げしても客数を維持しつつ、成長を続けている企業はたくさんあります。

たとえば、ディズニーランドやディズニーシーを運営しているオリエンタルランド。過去に何度も値上げをしています。直近では、3年連続で値上げをしています。それでも衰退するどころか、さらに勢いを増して成長を続けています。

もちろん、値上げをしたことによって、一時的な客数の落ち込みが生じる場合もあります。しかし、結果的にお客さまのために投資を続けていれば、理解を得られるものです。その結果、さらなる成長へとつながります。

先ほどのオリエンタルランドの例で言えば、売上が増加した分で新しいアトラクションを増設したり、待ち時間を減らすためのＩＴ技術に投資したりすることで、さらなるファンの獲得につなげられます。

大切なのは、値上げした分をしっかりとお客さまに還元するということ。ＣＳ（Customer Satisfaction＝顧客満足）を高めるために投資すること。マーケティングの定義である「お客さまを守る」「お客さまを豊かにする」ということを、忘れないようにしてください。

もちろん、価格はお客さまにとって一番の価値でもあります。そのため、いかに安く、良いモノを提供するか、ということもとても大切な考え方です。単価を上げることが必ずしも正解ではなく、そのビジネスにとってよいのか、ということは考えなければいけませんが、大企業でもないリソースの少ない会社は、一般的には単価を上げていくビジネスを考えることがよいと思います。起業家の場合には、品質を保ち商品・サービス提供をする部分でつまずくことが多くあります。しっかり最終的には利益を得て投資できる体制にしなければなりません。

▼売上とは価値の結果であり、お客さまからの支持である

「売上を上げましょう」と言うと、「そんなに簡単に言わないでほしい」と思うかもしれません。でも、売上の定義を「お客さまからの支持」と考えてみれば、何をすればいいのか分かってくるかと思います。もっとお客さまを喜ばせたらよいのです。

結局、売上というのは価値提供の結果にすぎないのです。売上とは3つの要素、「客数」「単価」「購入頻度」で構成されているとお話しました。

しかし多くの人は、この3つの変数のことを知りません。そのため、根性論的に売上を上げようと考え、もっとも難しい客数を増やそうとしてしまうのです。

でも実際に、売上を上げるために行なうことのメインは新規のお客さま開拓が多いです。単価や頻度向上を考える起業家は少ないわけです。

ただし、お客さまから得られている支持、つまりCS（Customer Satisfaction ＝顧客満足）が低い会社は、いずれの指標も上げることはできません。お客さまが逃げてしまうからです。

それはそもそも、お客さまを大切にできていないという証拠です。3つの中で上げやすい単価を上げるという発想を持つことで売上を一層増やすことができます。

そこで得られた利益を使い、さらにCSを高める工夫さえできるのです。まさに好循環

ですね。単価が上がったことにより、会社にもたらされるお金が増える。このお金は、よりお客さまをより幸せにする、豊かにする、喜ばせることに使われます。

そのような循環を、マーケティングの定義から考えてみてください。売上という要素を断片的な指標として判断するのではなく、お客さまからの支持ととらえてみること。そうすれば、何をすればいいのかが、おのずと分かるようになるのです。

第2章

起業家必見
徹底的にマーケティングを
大切にした発想

資本がないから事業が思わしくないという声を良く聞くが、
それは資本がないからではなく、
アイデアがないからである。

本田 宗一郎

1 お客さまの期待を超えて喜ばし続けること

▼「カネ儲けより価値の提供がすべて」

ある媒体で、（当時の）エプソンの碓井社長がコメントを出しています。内容を要約すると、そのポイントは「カネ儲けより価値の提供が大事」ということです。

エプソンの主力商品は複合機ですが、これまでは、ただ印刷物を刷ってそれで終わりというものでした。これは「インクビジネス」といえるものでした。プリンター本体というハード面で稼いでいるわけではなく、ソフトの消耗品であるインクをずっと販売し続けていたのです。それがエプソンの価値提供でした。

しかし複合機が普及するにつれて、純正品のインクではなく、似たような類似品のインクが出てきました。価格がとても安いので、現状、リプレース（代替）されてしまっているのです。それでエプソンは、危機感をもったわけです。

そして出てきたのが、循環型の複合機でした。ポイントは、使用済みの紙を白紙に戻せる技術です。この技術を活用すれば、同じ紙で白紙に戻し、コピーし続けることができます。つまり、お客さまは紙を購入せずにずっと使い続けられるわけです。

碓井社長は「自社ならではの価値を生み出せるかどうかが大事」と言っています。このような発想こそ、経営そしてマーケティングに必要なものだと思います。

儲けたいという気持ちが強くなりすぎると、企業は間違った方に進んでしまいます。そうではなく、いま一度、価値の提供にフォーカスする。それが、企業が危機を脱するために必要なことなのです。

もちろん、利益を挙げることは大切です。売上および利益というものは、成長の源泉になるのですから。しかし、目先の売上ばかり追いかけてしまうと、イノベーションを生み出すことはできません。イノベーションとはつまり、価値の成長です。

大企業であるエプソンでも、価値の成長をおろそかにした結果、お客さまが離れ、そこで初心にかえり、価値の提供を重視することにしたのです。

▼会社のできなかった、でもお客さまが必要とすることをできるようにする

僕らの会社で言うと、最初のサービスとして会社設立のサポート業務をスタートしました。会社設立も数をこなせば会社設立のサービスそのものの精度が高まります。しかし、会社自体が提供できる価値そのものを高めていかなければ、生き残ることはできません。

会社設立の業務を、他の会社より5分ほど早くできるからといって、たいした差別化にはならないのです。会社を設立できる会社は山のようにあるのです。その商品・サービスの改善も大切ですし、もう一方の面ではより価値を変えて増やしていくという視点も大切です。

そこで僕たちは何をしたのか。会社設立をするお客さまにフォーカスし、より価値の高いサービスを提供することにしたのです。具体的には、集客につながるＷｅｂサイトの制作や起業家を集めたイベント、販路開拓のマッチング、メンター機能、投資機能など、お客さまにとって価値のあるサービスばかりです。会社を設立したお客さまが、設立後に困ることを先回りして商品・サービスとしました。今はとにかくどうやったら起業家の売上がしっかりと立ち、増えていくのか、をできるようにすることに会社は全力を上げています。

会社として考えなければならないのは、「いかに価値を高めていけるか」ということです。もちろん、価値とはお客さまにとっての価値です。自分たちにとっての価値ではありません。

お客さまにとっての価値をいかに高められるか。新しい商品やサービス、あるいは改良された商品やサービスはそのためにあります。

売上を上げること、利益を高めること。それらは、サービスや商品によって価値を提供した結果でしかありません。そしてその結果を蓄積することが、次のお客さま満足につながっていきます。

短期のキャッシュフロー、中長期の成長戦略。そういった視点と同様に、価値を高めるということも意識してみてください。いずれかだけでは不十分です。複数の視点、複数の軸で考えることにより、会社の価値そのものが高まっていくのです。

サービスをつくることが目的では決してありません。会社を存続し続けることが目的でもありません。僕たち起業家の存在目的は、常に、お客さまに対して、期待を上回る価値を提供し続けるただそれだけなのです。どんなステージになってもこのことが会社経営の最優先事項です。毎日、商品・サービスの価値が強くなっているかということを意識して下さい。

2 お客さまの決め方でサービスが劇的に変わる

▼競合が見えていないお客さまを見極める

新しい商品やサービスを開発する際に、忘れてはならないのが「お客さまの設定」です。どういったお客さまに商品やサービスを提供するのかによって、開発するべきものの内容も変わります。

そもそも、「誰にでも喜ばれる商品やサービス」など、あり得ません。なぜなら、大きなセグメント（人々の塊、たとえば、大学生、主婦など）ごとだけでなく、個々人においても、嗜好や性格、趣味、考え方などが異なるからです。全ての人々に喜んでもらおうという気持ちは大切です。しかし、現実としては順番があり、リソースの少ない起業家にとっての効果的な方法としては、お客さまを絞ってみるとよいです。

たとえば、短期の英語留学のスクール比較でみてみましょう。

▼1分でも長く英語に触れたい

先日僕自身、フィリピンに2週間の時間を取り短期の英語留学に行ってきました。

今、ものすごく忙くさせていただいていることもあり、14日間の時間を取るのは大変でした。せっかく時間を取ったのだから、14日間で出来るだけ多く英語に触れたい、1分でも1秒でも長く、英語の勉強をしたいと思いました。

でもいざフィリピン留学について調べてみると、ほとんどの学校が土日休みなんです。14日のうち4日も休み、10日しか勉強できません。14日のうち4日が休みとなると約30

パーセントの時間が休み。僕はこの段階で「ありえないな」と思ってしまいました。別に30パーセントも休みはいらないな、と。むしろ全ての時間英語の勉強をやりたいと思っているわけです。また、ほとんど全ての学校の開始、終了時間は同じで9時から18時までなんですね。そして1時間休憩。1日の勉強時間は8時間です。

ですので、14日間といっても、4日休みで、稼働は10日で1日あたり8時間、結果学習時間80時間じゃないですか。みなさんどう思われますか?

もし僕だったらこう考えるわけです。14日間毎日勉強できるプランをつくります。

この14日中10日間や、授業の開始や1日の時間数は誰が決めているのかというと、学校サイドです。学校の論理ですべて決まってるわけです。

誰に向けて商売やっているのかということがまったく見えてないんです。仮に、朝の6時―9時から授業が受けられるというオプションがあってもいいじゃないですか。さらに、もっと勉強したいんだったら24時まで受付します。14日分の14日、100パーセントの勉強が、こういった形で選べます。

仮に1日12時間×14日間やりますと、学習時間は14日間×12時間で168時間なんです。同じ滞在で。旅費、宿泊費、食費は2週間の滞在なので、ここは共通です。でもこちらのサービスは、元のプランよりも2倍以上勉強できるんですね。

本当に、「1分でも長く英語に触れたいです」というお客さま向けにやるんだったら、絶対こういうサービスをやった方がよいと思いませんか？　英語留学をする人にだってさまざまな人がいます。僕のような経営者やビジネスマンが超過密スケジュールの中、とにかく英語を短期で一気に学びたい人もいれば、大学生がフィリピンという国を知りながら英語に少し触れたいとか、定年退職したシニア層の方が趣味で英語を勉強したいなど、それぞれの目的は異なるわけです。誰に対してサービスを展開するのかによって、確実に学校のすべきことは変わってきます。多くの学校では、学校の場所がどこにあるか、値段、生徒に占める日本人比率などをパンフレットで打ち出していましたが、学校サイドのお客さまイメージはどこもほぼ一緒なのです。僕であれば、他校よりも同じ期間、同じ渡航費で2倍以上の時間を学べます、というふれこみのサービスをリリースします。

ですので、商品やサービスを開発する際には、明確にお客さまを決めるようにしましょう。いわゆる「ペルソナの設定」＝自分のお客さまを明確に決めることです。では、どのようにして自分たちのお客さまを決めればいいのでしょうか。

▼起業家が大切にすべきお客さまの決め方

・自分が興味関心&情熱を持てる人であること
・今後の市場の成長性や、競合他社との状況を考えること

この2つは必ず意識して下さい。

いくら今後の市場が伸びるといわれる分野であっても、自分自身が全く興味がない、情熱を持てない分野の場合には、続けることができません。かといって、情熱はめちゃめちゃあったとしても、その市場やお客さま自体が今後恐ろしい勢いで減っていくとなってしまうと、成長する市場と比較すると、同じアクションに対して得られる結果ということも大きく変わってきてしまうわけです。そのため、最低限この2つのバランスを考えながら、自分のお客さまなどは決めるようにしたらよいと思います。

まずは、市場をどんどん細分化していき、自分たちが目指す売上を実現できる市場規模までカットします。その中で、1番を狙うというのが1つの方法です。

市場で1番になると、どのような現象が起きるのか。ブランド化です。どんな分野であっても、人は「1番」であることに魅力を感じます。その商品やサービスを信頼し、意

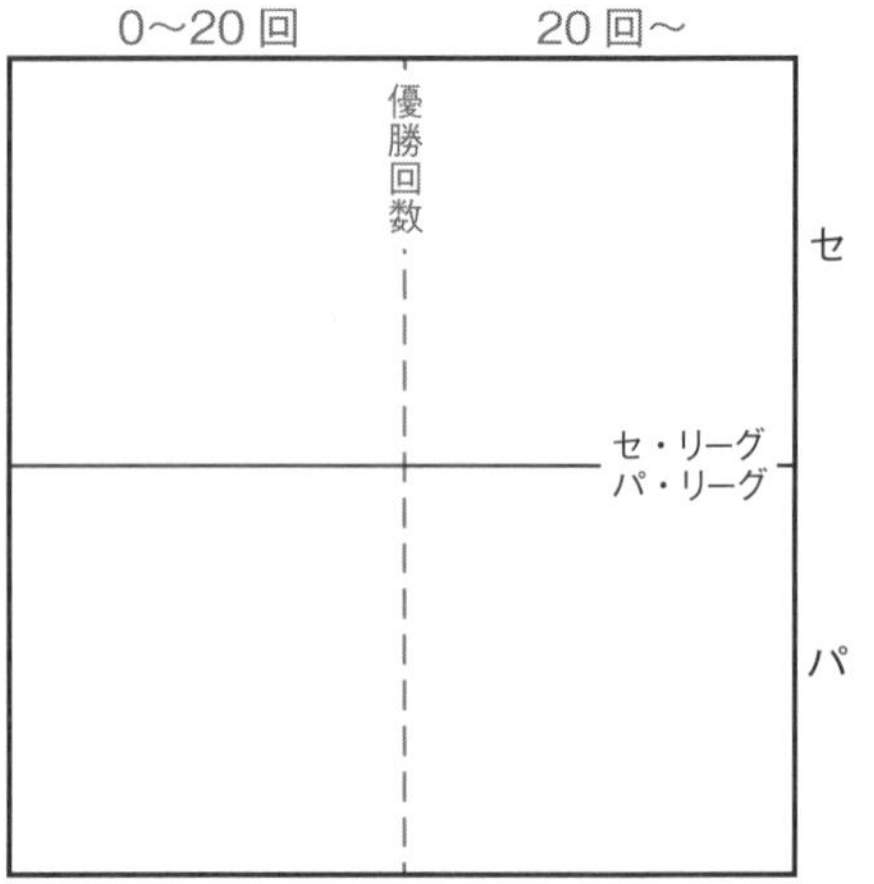

思決定の重要な要素として判断するのです。そのようにして、1つの市場で1番になることが、稼げるようになるための秘訣なのです。

面白いもので、稼げる人というのはさらに稼げるようになります。最初3万円稼いでいた人というのは、5万円、10万円と稼ぎが増えていきます。なぜなら、稼ぎ方のコツが分かるようになるからです。結局のところ、ビジネスというのは、その積み重ねでしかありません。その稼げる範囲を、自分の体験として広げていくことが大切なのです。

だからこそ、まずは1つの分野で1番になりましょう。特定の地域でも領域でもいいので、そこで1番を勝ち取ること。そうすることで稼げるようになり、さらなるサービスを開発したり、新しいお客さまをターゲットにしたりと、挑戦することができるようになります。

誰も参入していない市場や分野であれば、1番になるのは難しいことではありません。そのうえで、お客さまを見極めていく。そうすることで、その後の事業展開も有利に進めることができるようになります。

「MECEを使って市場を細分化する」こと。市場を細かく分類することによって、これまでにないような価値を提供することも可能となります。MECEとはモレなくダブりなく分類すること。その結果、新しい市場を発見できることもあります。

たとえば、プロ野球チームを2つにわけてくださいと言ったときに、さまざまな条件でわけることができます。

EX、セリーグとパリーグ、本拠地が東日本か西日本か、優勝回数が10回以上と以下など多数の条件が出せるはずです。1つの軸を出して重ならないように分ける方法です。他が気づいていない分け方ができると自分しか気づいていない「お客さま」がみえるかもしれません。

では、お客さま視点やターゲットの設定という観点から、面白い取り組みの一例を紹介しましょう。

▼お花を買わない人をお客さまにしたお花屋さん「HANAイノベーション株式会社」

生花店や農家などと組んで行なっている事業に「花男子プロジェクト」というものがあります。この事業は、花男子の活動を通じて花の魅力を発信し、販売につなげようという

http://hanadanshi.com/index.html

試みです。主催しているのはＨＡＮＡイノベーション株式会社です。

　ただ花を買ってもらうということではなく、イベントを通じて花を贈ることの良さを知ってもらうことによって、新たな顧客を開拓することが可能です。また、営利目的という印象が残らないことも企業にとってプラスにはたらきます。

　「男性から女性へ、花を贈る文化を育てていきたい」というコピーにもあるとおり、文化を育てるという観点からビジネスを展開することで、新しい価値を生み出しています。

　もともとお花屋さんは、どちらかと言うと受け身のビジネスです。それを、イベントや体験を通じて積極的に売り込むことができるようになるのは、大きな発想の転換だと思います。

　このようにビジネスの軸を変えて考えることで、

点ではなく線で事業を展開することができるようになるのです。

主催者の方は、「ターゲットにしているのは、今まで花屋で花を買ったことがない方や、花に触れたことがない男性女性です。花に興味を持ってもらう入り口を作りたい」と語っています。

たしかに、花を買う人は、花に興味がある人です。そこに需要がなければ商品やサービスが購入されることはありません。しかし、花そのものに対するニーズには限界があります。特別、急速に伸びている市場でもありません。

そこで、発想を変え、市場そのもののパイを拡大し、そのためのプロジェクトを展開する。それが、新しい価値の提供につながり、さらに、稼ぐ仕組みとなるのです。

HANAイノベーション株式会社は、これまでの花屋のように、「花を買いたいと思っている人」をターゲットにするのではなく、新しい層へのアプローチを試みることで、より付加価値の高いサービスを生み出すことに成功しています。

たとえば、

「花贈りパフォーマンス」……花男子プロジェクトによる感動の花贈りステージ

「ブーケの鉄人」……フローリストによる本気のブーケ作りバトル

「お花さし放題」……好きなお花を好きなだけカップに挿して楽しむアレンジメント体験

「社長の花贈り」……社長から従業員の家族などの誕生日などにお花を贈るサービスなどのサービスを展開しています。（ホームページ参照）

3 経営理念や行動指針がサービスづくりのぶれない原点に

▼経営理念は会社のマーケティング行動をすべて規定するとても大切なものです。

理念や目的、ビジョンというものは、ビジネスを進めていく過程で少しずつ明確になっていきます。経営者としての成長や会社のステージ、お客さまの数によって、見える景色はどんどん変わっていくのです。

もちろん、問題意識も変わっていきます。ですので、経営理念や行動指針というのも変わっていくものですし、あなたのステージが変わらなければ、実感できないことも多いのです。

とくに起業当初は、主語が変わっても通用するような理念を掲げてしまいがちです。それでは、実感がわかないのも無理ありません。つまり、リアリティがないのです。僕がまさにそうでした（最初の理念は、ただ、〝世界を変える〟でした）。

大切なのは、自分の言葉でつくること。だれでも当てはまることではなく、自分たちにしかできないような理念を掲げること。その結果、世界観が生まれ、ぶれない商品づくりができるようになるのです。

そもそも理念は、額縁に飾るようなものではありません。すべての行動において、最終ラインとなるような基準でなければいけないのです。

AかBかというときに、いつでも理念をもとに判断する。理念をもとに行動する。迷わない。ぶれない。そのような理念から、その企業ならではのストーリーや商品・サービスが生まれてくるのです。

▼理念を徹底した本当の「顧客第一主義」とは

アメリカにある有名な百貨店「ノードストローム」は、顧客第一主義を掲げています。真偽は不明なのですが、ネット上、本などに書かれているこんな逸話があります。

ノードストロームに車のタイヤを返品したいというお客さまが来ました。店員さんは、何も言わずに「分かりました」と言って返品に応じたのです。

驚くのは、ノードストロームが車のタイヤを取り扱っていないということ。でも、お客さまがこれを返品したいって言っていたので、その通りに対応する。なかなかできることではありません。

良い悪いは問題ではないのです。「お客さまの言っていることは正しい」という信念こそ、究極の顧客第一主義ということなのです。

これが、理念を体現するということなのです。理念を額縁に飾っているだけの会社は、「うちではタイヤを扱っていません」と断るはずです。理念が行動指針になっていないと言えます。

経営理念は、意思決定に活用されることではじめて意味のあるものになります。理念を掲げるということは、ぶれない経営を実践することなのです。

▼理念がブランドを創る——ルイ・ヴィトンが選ばれる理由

あなたが理念にもとづいて行動すれば、他の会社とは違うバリューが生まれるはずです。たとえば、沈没した豪華客船タイタニックにまつわるエピソードがあります。当時は船で海外旅行をしていました。ただ、船旅には潮風がつきものです。ですので、カバンのファスナー部分などはすぐに錆びてしまい、壊れてしまいました。

その中で、壊れないカバンがルイ・ヴィトンのものだったのです。海に投げ出されてしまったとき、ルイ・ヴィトンのカバンだけが沈まなかった。それでみんな、そのカバンにつかまっていたそうです（真偽は不明ですが）。

頑丈というのは物のスペックを表しているのではなく、個別具体的なシーンにおいて、どのように頑丈さが表現されるのか。それが重要です。もちろん、背景にあるのは確とした理念です。

もちろん、ルイ・ヴィトンは浮き輪としての使用を想定していたわけではないでしょう。しかし、問題はそこではありません。「お客さまにより長く使っていただくために、頑丈なカバンを提供したい」という想いが、逸話となって表れているのです。

大切なのは具体的なイメージです。それがあなた自身の、日々の意思決定のベースになります。その意思決定を取り続けた結果、ストーリーが生まれます。そこにブランドの萌芽があるのです。

理念などは商品・サービスづくりの最高のルールのようなものです。僕たちそこで働く人の行動をも規定するものでありその行動などがまさに商品・サービスとなっているわけです。

4 ゴールの達成、未達成で報酬を決めると強いサービスになる

▼利益よりも大切な数字がある? 達成するべき数字

時間軸で言うところの「今、この時点」だけをみて事実を解釈するのではなく、長い目でみたときに、「この1件は戦略的に考えてどんな意味があるんだろう」と考えてみてください。

「この1件の仕事が上手くできたら、こうなっていくんじゃないか」「自分が目指している年間100件をつくるための1件として割り切って考えよう」。そのような発想に切り替えてみるのです。

つまりお客さまから見たときに「いい会社だな」と思っていただけるような数字的目標を掲げる。端的に言えば、「その数字だけ達成できていたら、その1年間は良かったと判断できる数字＝KPI（Key Performance Indicater＝企業目標の達成度を評価するための主要業績評価指標のこと）」だと思ってほしいのです。国民の半分以上がみた映画ですとか、10万部販売などみると、これはすごくよいものなのでは、と思いませんか？ これがお客さまから見たときに「いい会社だな」という数字です。

たとえば、あなたがセミナーをはじめたのなら、「年間で100件以上（＝KPI）セミナーをやる」などですね。そういったゴール設定は、2年目3年目以降に生きてくる。そこをやりきる。それが他社との違いになっていきます。

普通の会社はセミナーをやろうと決めても、初めてだから、月に1回程度やろうと、自分のできそうな範囲での目標設定しかしません。しかしこれでは、お客さまにとっての価値を生むことはできません。大切な視点としては、セミナーをやっていくのであれば、そのセミナーの完成度（集客の仕組、内容、何かモノを売るのであればその売れ行きなど）を上げていくことです。ではどのようにしたら一番セミナーの完成度は上がっていくでしょうか？

僕はどんなことであっても、ものごとがうまくなる方法は、**数をいかにこなすかだと思っています。**数をこなすことによって、たくさんの失敗をします。でも、その失敗をもとに改善をできるわけです。その1回1回がものごとの完成度を高めているわけです。つまり数を確保することがまずもって、大切なことになります。

ここでKPIが生きてくるわけです。KPIは自分の今できる目標のことではなく、俯瞰逆算的に（あるべき姿から逆算する）設定すべきです。たとえば、このテーマのセミナーをやっている人の中で、日本で最大の回数を1年間で行なうことができれば、翌年以降の大きなそれは実績になるわけなので、一番やっている人の数を上回ることが大切＝あるべき姿になります。この数がKPIとなります。

もしあなたがKPIを達成することができれば、次の年からあなたは、このテーマのセミナーで日本NO・1と言えるわけですよね？　そのため、回数が大切になるのです。1回1回のセミナーが2名しか集まらなくても、回数をKPIにしたのであれば、1回は1回なのです。多くの起業家は、自分のできることをしようとします。しかしそれではお客さまからみたインパクトのようなものでないことがしばしばです。

僕も、セミナーを4年前からスタートしました。そのときのKPIがとにかく100回以上やるというものでした。赤字であっても100回以上やると決めました。結果、1名しか集まらなかったセミナーも何回もありました。でもやり続けました。結果、2年目に何が起きたか。同じ分野で（僕の場合は、起業・マーケティングなど）セミナーをやり続けていた結果、商工会、大学などに講師として呼ばれるようになりました。その実績がまた、コワーキングオフィスをはじめ、企業、自治体などの目にも引っかかり、また講演に呼んでいただけるという正の循環を生み出しています。結果、2016年は年間セミナー講演回数は200回を大幅に超えるようになり、大きな結果を生んでいます。

ついに、今は、セミナー参加者に、超大手企業の営業部長の方がおり、セミナー終了後に、「うちの会社の営業マン２００人にセミナーを〇〇万円でやってもらえませんか？」とオファーをいただきました。大企業でのこのようなチャンスをうまくやりとげると、あの大きな会社でも実績があるなら、うちにも来てもらおうとなり、別の大企業にも呼んでもらえるようになっていくわけです。全ては小さい一歩なのです。またその一歩を止めないということなのです。

▼お金では買えないサービスの価値づくり

あなたのお客さまが、商品・サービスを買う際にどのような指標を重要視しているのか。そこに着目すると、より強いサービスをつくることが可能となります。

たとえば、口コミを重視するのであれば、「ホームページにお客さまの声が1，000件寄せられる」というだけで、かなりのアドバンテージになるでしょう。それが、意味のあるゴールということです。他社よりも数倍、数十倍のお客さまの声を集めるわけです。

数を積んでいくことの意義は、そこにあります。ただ、適当にKPIを設定するのではなく、意味のある数字を追いかけていく。そして、現時点だけでなく、将来にわたって価値のある数値を積み重ねていくのです。意味のあるというのは、商品・サービスの購入の

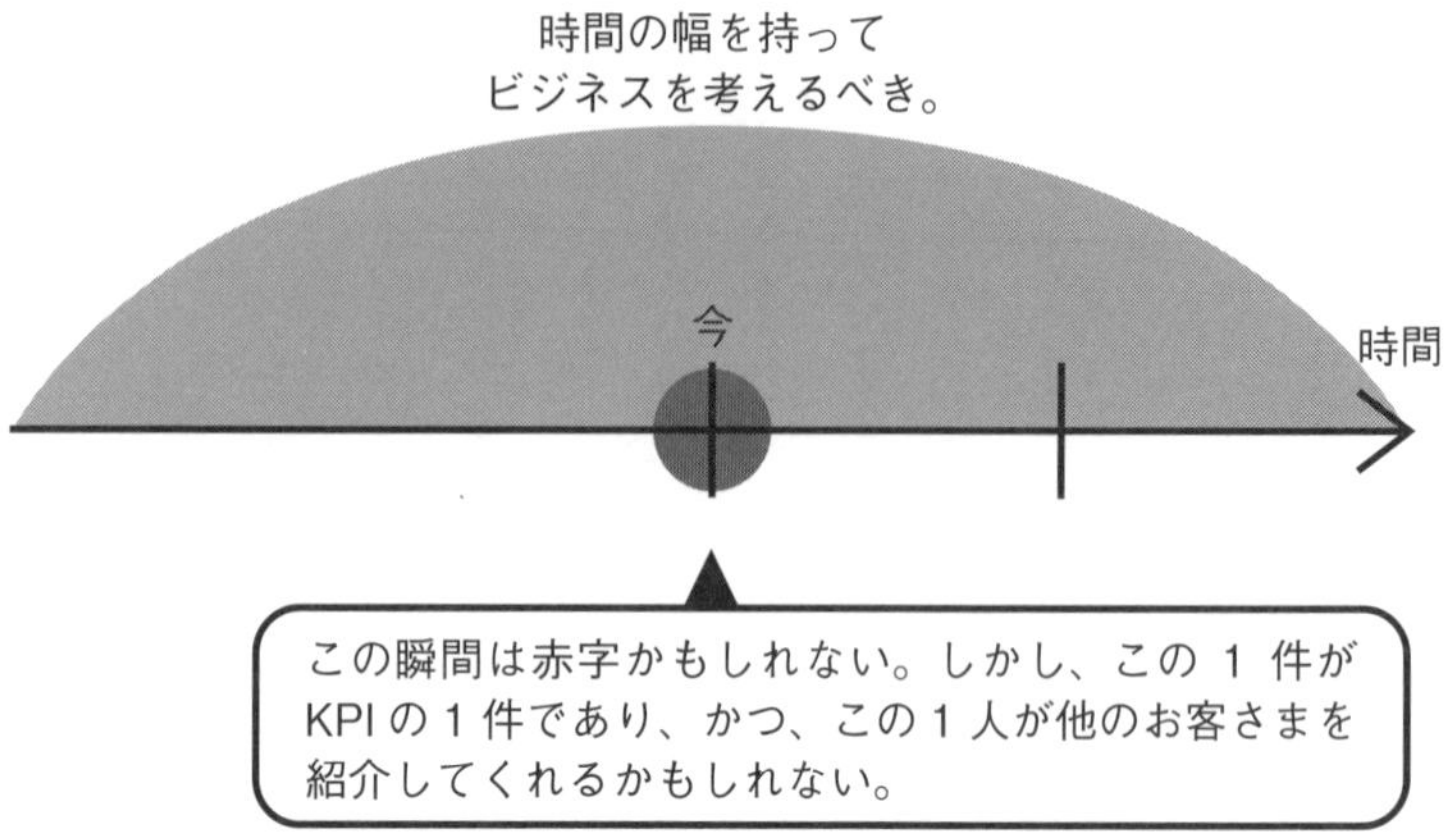
時間の幅を持って
ビジネスを考えるべき。
今
時間
この瞬間は赤字かもしれない。しかし、この 1 件が
KPI の 1 件であり、かつ、この 1 人が他のお客さまを
紹介してくれるかもしれない。

決め手になるということです。

結果的に、他の会社ではなく、自分たちの会社を選んでくれるようになれば、努力の価値があるわけです。場合によっては、どんな広告よりも集客効果があるかもしれません。お金では買えない価値もあるのです

何のためにゴールを設定しているのか。何のために目指しているのか。そして、最終的にゴールに到達したらどのような効果が得られるのか。そういった点まで含めて、考えるようにしてください。

▼視野を広げて、サービスを強くする

会社の強さは、数に比例しています。どれだけ多くのまた、長い時間、深くお客さまと接しているか。それが会社の強さを表しているので

す。会社の目的は、お客さまを喜ばすことです。

自分たちで解決できない場合には、他社を紹介してもいいです。価値を提供することに対して、ケチな考え方をしない。そうすれば、お客さまの数はどんどん増えていきます。

仕事のない会社ほど、お客さまから搾取することばかり考えています。価値を提供しない。ゴールを設定しても、自分たちにとってのゴールでしかない。結果的に、お客さまから見放されてしまいます。

そうではなく、意味のあるゴールを設定してください。自分たちにしかできない、価値のある目標を設定し、やりきること。場合によっては、利益を度外視してもいいです。

短期的な利益ばかりを追いかけてしまえば、いずれはジリ貧になってしまいます。せこいことをしている会社は、せこい考え方をするお客さましか集まりません。

もっと遠くを見てください。お客さまとどういう付き合い方をしていかなければならないのか。どういったゴールを設定するべきなのか。真摯に考えてみることです。その先に、本当に強いサービスがあるはずです。

5 お客さまと一生付き合うためにどうすべきか

▼いいビジネスモデル――お客さまの成長に合わせてビジネスを構築していく

いいビジネスモデルとは何でしょうか。ポイントとしては「お客さまの変化（ステージ）に合わせてビジネスが用意されている」ということが言えるかもしれません。

要するに、いっときだけの付き合いではなく、中長期的な価値を提供すること＝線の付き合いにフォーカスするのです。

一生のおつきあいという発想が根底にあれば、サービスの質も価値も変わります。たとえばウェイビーでは、起業支援として、会社設立からその後の支援、会社の持続的な成長まで、一貫して行っています。

そのうえで、永続的に発展する企業を増やしていきたいと考えています。一時のサービスではなく、中長期的な関係性を築けるように、長いスパンで考えているのです。

このように、一生のおつきあいという発想を持てば、さまざまなサービスを生み出すことが可能となります。それぞれに顧客がつながっているため、いろいろなチャンスを生むことができます。

たとえば、お花屋さんで考えてみましょう。

通常のお花屋さんは、点でビジネスをしているお店が多いです。お花を買いに来る人に対して、お花を売るというのが基本ですよね。その瞬間のお付き合いで終わってしまうのはもったいないので、この付き合いをもっと時間軸で前後関係長く取ることができるか？ということがとても大切な発想になるわけです。

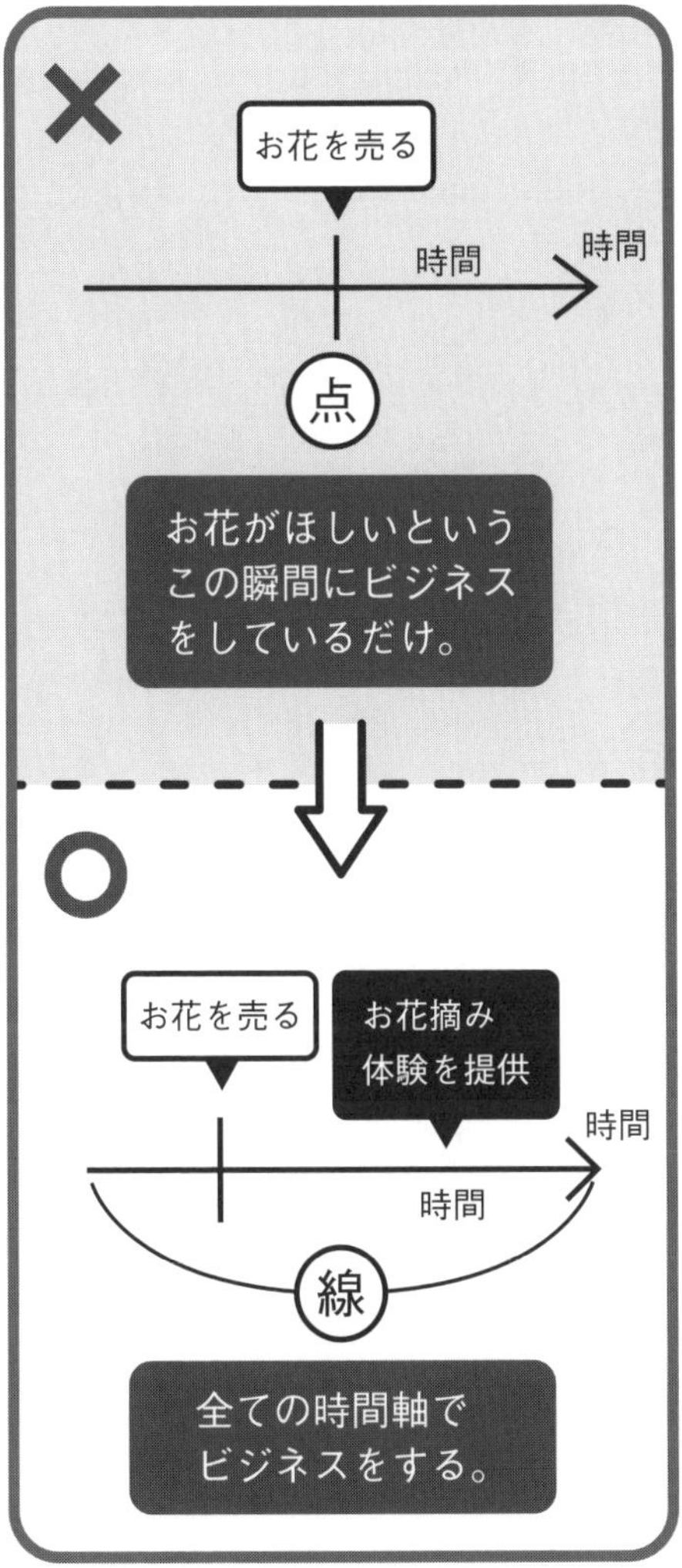

パレートの法則をご存知でしょうか？　2：8の法則と言われているものです。世の中大抵のことは2：8で分けることができるという法則です。企業ではどう当てはまるかというと、たとえば、自分の会社の売上の8割は上位のお客さま2割が作っていますということです。

たとえば、1年間で10万円以上お花を買ってくれる、大きなお金を使ってくれるお客さまたちに対して年1回でいいので、何か特別なことをしてあげる。たとえば、お花摘み体験をプレゼントしてあげるわけです。これは購入後の時間でお客さまとの新しい接点になりますよね。

なかなかお花を買う人でもお花を摘むことってないと思うんですよ。仲のいい農家さんや提携農家をつくっておいて、お花摘み体験ができますよということを、無料で提供してあげるのです。

▼特別感で線のつながりを生む

ある種、お客さまを株主みたいに見立てるわけです。購入していただいた結果、株主優待みたいなものがもらえる。慰労会みたいな感じですよね。ＶＩＰのお客さまみたいなかたちで。お花摘み体験を通してＣＳ（お客さま満足）が高まるはずです。

お花を摘むと、どうやって花を作っているか分かって、またお花に対する気持ちが変わります。お客さまのお花への考え方が圧倒的に変わります。価値って、どうやってできあがっているのかとか、どれだけ大変なのかということがわかっていただけます。

家族だったら4人まで連れてきていいですよとしてあげるんです。これは家族にとっても面白い体験になります。参加してみてお花の価値がわかって、こんな体験を提供してくれたお花屋さんありがとうございます、となります。また絶対にこのお花屋さんで買おうと思いますよね。それが他のお花屋さんより少し高かったとしてもです。

お花屋さんサイドも自分達のこだわりをお客さまに伝えることができ、他のお花屋さんとの違いをお伝えできます。それで少しくらい価格が高くても選んでもらえるわけです。お客さまとの関係を線で見直しすることができれば、とんでもなく大きなチャンスが生まれます。多くのお花屋さんは点で戦う。なので競争しているものが値段や、立地の戦いに終始してしまっているわけです。

このお花摘み体験をプレゼントしようと企画しても、バスを貸し切って1日どれぐらいですかね。予算なんて安ければ10万円もあれば実現できるかもしれません。そんな少ない予算でお客さまをグリップしにいけるわけですよね。

▼時間軸発想！自分で育てる体験型サラダ

最近、面白いなって思ったもので、コンビニに売っているんですけど、サラダを自分で育てるっていうパックがありました。サラダって普通に出来上がっているじゃないですか。それが自分で水を撒いて、育てて、一定期間すると食べられるというサラダがコンビニに売ってるんですよ。

これも体験なんですよね。時間軸でやってるんです。点ではなく、まさに線でビジネスをしているわけです。時間軸を大切にしています。

▼商品企画にお客さまを巻き込む

時間軸、戻せば戻すほどどうなるかわかりますか。どんどんチャンスがでてきます。たとえば、お花を新しく品種改良しようというところからできるわけじゃないですか。すでにある種を自分で植えて育てようっていうのも十分前に戻っているんですけど、その前ってなんですかっていうと、今ある種じゃなくて自分で掛け合わせて面白い花つくれないかなって、もっと遡れるじゃないですか。面白くないですか？　他の会社よりも時間軸を前後にとれると違うビジネスになるのです。

今のビジネスの問題って何でしょうか？

供給者サイド、会社サイドが勝手に決めたものの中で、消費者はいいものないかなって、探しているんですよ。そして、これが1番希望に近いな。ないし希望にあったものがあるなっていって売れてるわけです。

ただこの流れが変わってきています。自分で商品を作れるっていう、商品企画にお客さまを巻き込むようになってきています。お花っていうのも、そもそも一緒に改良して新しい品種を作れますとかが簡単にできたらどうでしょう？　商品企画にお客さまを巻き込もうと思うと、これも通常の時系列ではなくなりますよね。

たとえば、自分で種を植えて育てた花でプロポーズしましょうとか。（この育てる過程を撮影して、この動画もセットで売ってしまう）。時間軸を前にもっていくっていうだけでも、すぐに、巷にはないお花屋さんになれるじゃないですか。

ですから大切なことは、この時間軸をどこまでとってこれるかということなんです。時間軸の幅の中でアイデアを出してほしいと思っています。お花屋さんは店舗を構えて待っているというのは間違えたイメージです。

▼「ゆりかごから墓場まで」をビジネスに

たとえばリクルートという会社は、まさに、ゆりかごから墓場までというイメージで事業を展開しています。人生におけるあらゆるターニングポイントに着目して、ビジネスを行っているのです。

就職から転職、住まい選び、結婚、旅行、習い事……。媒体で言えば、リクナビ、じゃらん、SUUMO、ケイコとマナブなど、さまざまです。

このように、人生のターニングポイントに着目してビジネスを展開することによって、事業の質と幅が広がります。今後は、お葬式などの事業にも乗り出すかもしれません。

余談ですが、僕は昔、リクルート主催のビジネスコンテストで優勝したことがあります。そのとき、最初に提案しようと思ったのが、ライフサイクル上の「葬儀」という部分だったのです。ただ、「大学生なんだからもっと楽しいことを考えなさい」と言われて取り下げてしまいましたが。

いずれにしても、どれだけのスパンでビジネスを考えられるかによって、事業の幅は大きく変わります。ライフサイクルのような大きなスパンで事業を考案すれば、強くなるし大きくなれる可能性もあります。

普通の人が狭い範囲でしか見ていないところで、事業の幅を広げてみます。すると、戦い方が大きく変わります。有利になるのです。ぜひ、中長期的な幅のある時間軸で考えるようにしてください。

6 ベネフィットを制するものが、サービスを制する

▼起業家が知らなければならない2つの価値について

何故お客さまは多数のサービス・モノの中から、自分達が展開するサービス・モノを買ってくれるのでしょうか？　それは、比較したときに買ってもいいなと思う理由＝価値があるからです。この価値のことをベネフィットと呼びます。ベネフィットは人がお金を払う理由のことです。その価値もまた2つの価値に分けることができます。

1. 相対的な価値
2. 絶対的な価値

です。

相対的な価値っていうのは自分の方が安いとか、水でいうと500mlで他社が売ってるなら、我々は600mlで準備して、これは他の商品より100ml多い、だから買ってくだ

さいというような、他のサービス・モノと比較できる要素の中で自分の方が上回っているという点です。

たとえば、筋肉付けたいと思っている人に、こっちの水飲んだほうが筋肉が付く栄養素が入っているから、こっちの水を買った方がいいですよ、ということです。

「あ、そうなんだ同じ値段で筋肉がこっちの方が付くんだったら、自分は筋肉つけたいからこれ買おう」って比較できるのが相対的な価値ということです。

もう1つの価値が絶対的な価値＝他社と比較できないという意味の価値です。自分にしかない価値と言ってもよいと思います。

絶対的な価値をつくり、爆発的に売り、市場シェアNO.1を取った水があります。

「いろはす」です。いろはすが出てくるまでは、外資系の水が1―3位のシェアをとっていました。水がどこで採水されたか？　という点が注目され、結果、イメージのよい場所で採れた水が売れていたのです。水の商品名って採水地になっていることが多いですよね。その最たるものが、ヨーロッパ系の水だったわけです。中国でとれた水は残念ながら売れないということです。このように考えてしまうと、水をどこでとるか、にすごくこだわるようになってしまいます。ただ、多くのイメージのよい採水地というのは既に競合にとられているのが現状です。ここで必要な考え方として、発想を変えるということ。そもそもそも採水地という要素で戦わないということです。皆さんはいろはすの採水地をご存知でしょうか？

恐らくほとんどの方は知らないと思います。いろはすが提供したものは、採水地というイメージではなく、環境貢献・エコだったわけです。水を買って環境に貢献できるという価値を持っていた水は当時なかったわけで、この意味で、いろはすは他の水では持っていない価値を持っていたということです。

業界常識にひたりすぎてしまうと、採水地の呪縛から抜けれません。なので、よい起業家は、専門性を有しながらも、さまざまな情報や環境に触れることで、業界の常識を壊す存在である必要があります。凝り固まった世界に新しい価値は生まれず、でも、自分も業界にいると知らず知らず凝り固まってしまうのです。

▼ドリルではなく穴を提供しよう

今から40年ほど前の１９６８年。その年に出版された書籍に、『マーケティング発想法』というものがあります。著者は著名なマーケティング学者であるセオドア・レビット(Theodore Levitt) 博士です。

この書籍の冒頭に、次のような格言が記載されています。

〝ドリルを買う人が欲しいのは「穴」である〟

この言葉が意味しているのは何でしょうか。それは端的に言えば、「自分たちが提供しているものではなく、お客さまが本当に欲しがっている価値に着目しよう」ということです。ドリルを製造している会社は、より高性能なドリルをつくろうと努力するはずです。改良に改良を重ねて、より安く、より軽量で、女性や子どもでも使えるドリルをつくります。けれどももし、ドリルよりも簡単に穴を開けられる機械が発明されれば（たとえば「念じるだけで穴が開く装置」など）、もはや、ドリルの必要性はなくなります。

このように、お客さまが何を求めているのかを考え、まず、お客さまの役に立つことを優先するという発想こそ、マーケティングの根幹を成すものです。その点を、勘違いしないようにしましょう。

あなたの会社は、お客さまが欲しがっている穴ではなく、ドリルを売ろうとしていませんか？

▼美容室から考える絶対的な価値の創造

ビジネスにとって一番大切なことは、企業はすべてお客さまからスタートするということです。お客さまがいなければ、その企業は存在している必要がない。全てはお客さまにはじまり、お客さまに帰結し、またお客さまから広がっていき地球をはじめ、周囲によい影響を及ぼします。

お客さまとの関係において、僕たちはお客さまの僕たちに依頼をする目的というものをしっかりと理解し、それを確実に達成することをしなくてはいけません。ですから、ビジネスではお客さまの目的は何か、ということが一番大事なんです。

たとえば、多くの人にとって「美容室に足を運ぶ目的って何でしょうか?」人によってもちろん異なるにせよ、多くの場合には、カッコよくなりたいとか可愛くなりたいということではないでしょうか? カッコよくなるために、可愛くなるために、美容室に行って、お金を払っているということです。

▼ベネフィットを知らずしてモノやサービスは売れない

人がお金を払う理由=ベネフィットです。

もちろん他にもベネフィットは考えられます。髪の毛が伸びて邪魔なので切りたい、などもお客さまの要望、目的ですね。お客さまの主な目的はわかったとします。美容室サイドが提供しているものは、カッコよくなれる、可愛くなれるということに対してのサービスとなります。

結果、ほとんどの美容室はどのようなことをサービスの特徴として謳うかというと、いかにかっこよくカットすることができるか、という技術的な話になります。

その他、オシャレな場所にあること＝オシャレなイメージや店内のオシャレさのようなものを特徴としてアピールします。

しかし、このような美容室は大量にありますよね。結果、多くの美容室が同じようにみえてしまって、安いところに行くことになるかもしれません。ホットペッパーの検索で上位にあがってくるお店に行くかもしれません。

▼顧客は何にお金を払う？ベネフィット見直しの効果

美容室がお客さまに提供しているベネフィットは、カッコよくなる、可愛くなるということでした。このベネフィットを変更してみましょう。お客さまの目的に沿って、もっと考えてみるべきです。

僕は美容室に行っても、すぐに美容室に行きたくなってしまいます。理由は髪が伸びるのがとても早いからです。自分的に、カッコよさが続く期間というのがとても短く感じています。美容室に行っても、直後数日などはよいのですが、1週間経って、2週間経つ頃には、少し違和感を感じるようになります。

何が言いたいか、というと、美容室に行った直後にカッコいいのは当たり前ですが、それ以外の時間軸で果たしてカッコ良さをもっと持続できないか、ということを考えるべきです。

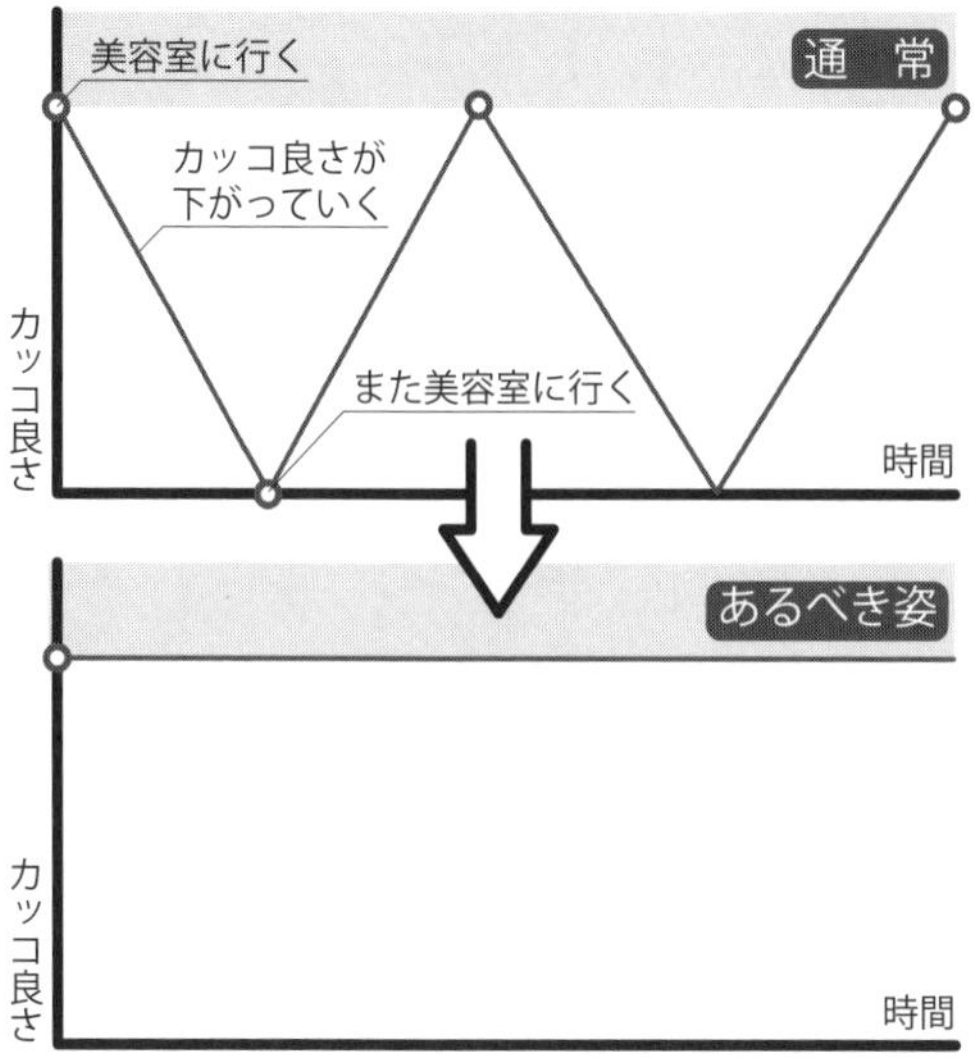

すなわち、ここで気づくのは、美容室のベネフィットは、カッコ良くなること、可愛くなることです。でも、このベネフィットが、**そのカッコよさや可愛さが持続し、カッコ良い状態をキープし続けることができるとなれば、どうですか？**

現在、カッコ良さを「キープすること」をベネフィットに考えている美容室はほぼないのではないでしょうか？　瞬間瞬間のカッコ良さを考えているにすぎません。

ですから、明日以降美容師さんがいなくても髪を切りたてのカッコ良さをキープできるんですよ、というベネフィットを打ち出す美容室が出てくれれば、業界の流れが変わるかもしれません。

それでは、カッコ良さを持続するためにはどのようなサービスにしたらよいでしょうか？

お客さまの目的達成をすることが私たちにとって一番大切なことでしたね？

その一つのアイデアとして、たとえばセットの仕方に着目してみるということです。美容室でやってもらうセットを翌日以降、自分でできる人はすごく少ない。そこを、こうすれば凄くカッコ良くセットができますよと教えてあげる美容室が出てきてもいいですね。ドライヤーの使い方はこうやってくださいね、というのをその場でレクチャーしてあげたらいいと思いませんか。お客さま自らがセットをして、うまくできなければ髪を洗って、再度やってみるとか。

また、そもそも髪の毛が伸びてしまったら、セット以前にどうしようもないので、通常のカット代金3,000円に2,000円プラスオンしてくれたらいつでも来てもらって構わないよ、という切り放題の美容室が出てくるかもしれません。これで少し髪が伸びてカッコ良さがなくなってもすぐにお店に行けばよいですよね。

たとえば今日は久しぶりの合コンで、少しでも髪切ってカッコ良くして行きたい。でも4,000円払うほど全部切りたい、というほどでもないときに、じゃあそこの選択肢としてQBハウスに行きますか、ということです。QBハウスでもよいのですが、この役割をその美容室がやったらいいですよね。待ち合わせまで時間もあるし、カフェとかで時間潰すぐらいだったら、ここの10分とかで髪5分でサッとカッコよく切ってもらえたらすごいありがたいことだと思いませんか?

僕は「チョイ切り」って呼んでるんです(笑)「チョイ切り」需要って、「チョイ飲み」とかと同じイメージでものすごくあると思っています。

時間の隙間って結構あります。僕もそうでしたけど、合コン前とか、よく大学の友達とか会社の人と飲み会やコンパに行くと、なかには相当気合入れてる人が、30分前ぐらいから仕事を止めて髪の毛洗ったり、セットし直したりしているんです。それをトイレの洗面所とかでやってるんです。

セットしたくても家に帰れるほどの時間はない。ただ、そこに短い時間で髪の毛をセットし直したいという要望、目的があるんです。

美容室って、今あまり稼働してない現状があるので、場所を提供してあげたらどうでしょうか。それをストック契約で積むということです。美容室サイドも稼働率100％ということはなかなかないので、安くても原価が回収でき、また、ストックの売上構造を持つことができ美容室の大きな問題解決になるということです。

▼ベネフィット変更でビジネスモデルが変わる！ストック型への転換

ビジネスをやるときに何が大切かというと、ストックビジネスを持つことです。なぜなら、ストックビジネスなら、固定で計上できる売上が見通せるからです。ストックというのは蓄積ですよね。たとえば毎月お金をいただけるということです。

たとえば、9月の時点で、11月の売上を見通せてる美容室さんってほとんどないということです。どうやって見通してるかといったら前年とか、前月のデータから、おおよそこれくらいですよねって予想に過ぎないんです。

これがストックビジネスであれば、単価×契約数で売上が出るということです。この売上が見通せますっていうのは会社経営上一番大切なことなんです。現在の美容室のビジネスモデルってお金のもらい方でいえば、フローでやってるということです。フローというのはストックの反対で、点でお金をもらう、ということです。

通常のベネフィット：カッコよくなる、可愛いくなる　⇓その瞬間　＝フロー
変更後のベネフィット：カッコよさが持続する、可愛さが持続する　＝ストック

そこで、カッコ良さを持続させるための1つのアイデアとして、切り放題ということにすることを考えます。結果、切り放題にするためのお金のもらい方として、定額制がいいよねということになり、結果、お客さまから毎月いただく金額がストック構造に変化したということです。

▼経営のチャンスを広げる！原価回収のビジネス

美容室でいうと、まず設備投資に費用がかかります。座席やシャンプー台などの椅子代金などです。それとは別に家賃が必ずかかります。このような費用を固定費と言います。固定費とそれとは対の言葉があります。これが変動費。それでは、美容室でいうと何が変動費になるでしょうか？

シャンプーとかリンスっていうのはお客さまの数に応じて出ていくものなので変動します。これが変動費です。固定費をかけているものっていうのは、毎日何もしなくてもお金が出ていってしまってるので、稼働させないと必ず損をしている、ということです。

たとえば、飛行機って搭乗率100%であることってなかなか見かけないですよね。どのくらい席が埋まってようが、埋まってなかろうが、1回飛行機を飛ばすことにかかる経費はほぼ同じです。

たまに半分くらい空席の飛行機に乗りますが、同じコストですごくもったいないですよね。システムにしても燃費（重さで多少変わるでしょうが）にしても、いろんな固定費が共通なのに空いている。これを1席2，000円でもいいから100席埋めたら20万の利益が増えるんですよ。

これと同じで、多くのビジネスで100%稼働していることって少ないということです。カラオケ、ボーリング場、病院、マッサージ、飲食店、映画館など、場所や席が空いていることがすごくもったいなく感じてしまいます。

20席あるお店で、稼働がよくて7~8席くらいしか稼働していないなら、半分の10席をカットして、ショップインショップにしてみるという発想もできます。ショップの中にショップ作って、たとえば、美容室の中にマッサージ店を招致するほうがまだ良いのではないかと思ってしまいます。

▼稼働率アップ！空いてる席の使い方

この稼働率に着目をして、稼働してない部分を切り売りして誰か特定のセグメント（特に今はお客さまにしてなかった人たち）に開放することで大きなチャンスが生まれるわけです。

たとえば前述の「チョイ切り」＝10分以内で終わるカットであれば、いつ来てもらっても構いません。通常の料金に2，000円追加してもらえれば、切り放題にしますというアイデアもありましたよね。

そうすると僕たちが考えていた、従来の「髪を切る」というモデルが変わってきます。自分はある程度この髪型でいい、という状態になったときに、今のように一ヵ月に一回伸びてから行くって話じゃなくて、十日に一回5分ぐらい行くっていう文化ができるかもしれないということです。

分かりやすく言うと、「チョイ切り」で普段の稼働していない席（固定費）を埋められるということです。固定費がちゃんとペイしていれば経営として赤字になることはなくなるということです。席だけでなく人も100％稼働していることはあまりないので、有効に活用することができるわけです。

あとはどんどんメリットを付けていけばいいですよね。たとえば、特定の美容室一店舗に継続して行くのが面倒になったときのことを考えてみます。

僕が美容室のオーナーだったら、地域の美容室と、たとえばちょっと違うエリアとかの美容室で提携店を作っていきます。そして、「チョイ切り」会員さんが提携店のどこに行っても、「チョイ切り」に対応します、という店を増やしていきます。そうすると、お客さまにとってすごく良いメリットが生まれます。

お客さまがすぐに髪切りたいなというときも、どの地点でも対応できる、となれば、お客さまがそのサービスから抜ける選択肢が生まれにくくなります。一店舗に対して月額だと面倒になったときに解約されてしまう可能性がありますが、たとえば都内の全域で「チョイ切り」でき、「チョイ切り」だけにとどまらず、たとえば月額6,000円払ってたら好きなお店に行けるとなったらこれはいいですよね。

前から気になっていたあそこの美容室ってどんな感じなんだろう、とか、外観がお洒落だからちょっと入ってみようとか、そういう欲求が満たされる。

そうすると、今まで行かなかったようなお客さまも入ってくることになります。たとえば初めて行ってみて、すごく可愛い子や、すごく腕の良い美容師さんがいたら、またその店舗に行きたくなります。そういうことがきっかけでお金が落ちていったり、新しい行動が起きるということです。もちろん自分のお客さまを囲い込みたいと思われるかもしれません。美容室の考え方にもよりますが、通常の美容室経営とは別のサービスとして捉えてもよいかもしれません。

今あることをただ当たり前だと思ってしまってそれを受け入れた瞬間に終わりなんです。思考停止をしたら進歩はないんです。ですから1つ1つ、当たり前だと思っていたことを検証していくことも必要になってくると思います。

7 サービスや商品の特長というのは手段でありアイデアである

▼特長とは手段である

あらゆるビジネスは、ポジショニングすることができます。つまり分類です。この分類において大事な視点は、「だれに向けてやるのか」「どんな価値を提供するのか」という2つの軸です。

だれに向けて、というのはつまり、対象者のこと。いわゆるターゲットです。どんな価値、というのはつまり、ベネフィットです。

いずれかだけでなく、この両方の視点からビジネスを考えられるようになれば、幅が広がります。新しいサービスや商品を生むきっかけ、つまりアイデアのもとになるのです。

そもそも人は、モノの特長で商品を買っているのではありません。たとえば、「この車はリッター30キロ以上走るんです」とした場合、それは特長ですが、それが購入の決め手ではないのです。

30キロも走るということは、今の自分の車がリッター10キロしか走らないとした場合、3倍の燃費効率を得られるということです。つまり、「ガソリン代が3分の1になる」という、安さを買っているのです。これは特長ではなく、ベネフィットです。

つまり、サービスや商品の本質はベネフィットにあるのです。特長というのはあくまでも手段であり、アイデアでしかないのです。その点を勘違いしないようにしてください。

もし「安さ」というベネフィットを求めている人がいれば、そこにフォーカスして新製品やサービスを生み出すことができます。たとえば、鉄を使わずに軽量化し、さらに安価な自動車を生み出すこともできるかもしれません。アイデアとは、そのためにあります。

▼食べログとホットペッパーは実は競争していない？

僕がセミナーでよく話しているのは、食べログとホットペッパーの違いです。ホットペッパーと食べログは、飲食店のマッチングをするという価値提供は一緒です。

けれど、食べログが本来提供するべき価値はなにかというと、「失敗しないお店選び」だと個人的に思っています。それが、食べログを使っている人の1番求めていることだと思いますし、会社がやらなければならないことなのです。その手段＝特長が口コミ提供なのです。

一方でホットペッパーは、「安いお店の検索」がベネフィットだと思います。だからホットペッパーは、安さを提供するための手段として、クーポンを配布しているのです。ホットペッパーが安さで、食べログは失敗しないお店選び。それが、それぞれのベネフィットなのです。

このように、既存のサービスを分解することによって、新規参入も可能となります。類似しているように見えるサービスでも、住み分けができるということです。

たとえば、Rettyというサービスがあります。Rettyの特長は実名制であるということ。食べログは匿名制です。基本的な機能は似た部分もありますが、特長が異なります。当然、利用者の層も変わってくるのです。

これもまた、アイデアひとつです。匿名性の高い口コミを求めているのか、それとも実名制という担保がある口コミを求めているのか。人によっても、また、用途によっても需要は変わると思います。

アプローチの仕方を変えるだけで、既存の市場でも生き残ることができます。サービスや商品の特長というのは、本来的な目的ではなく、手段でありアイデアであると認識すること。そこから、ビジネスの活路が見いだせることもあるのです。

既存のサービスや商品に特長を追加するだけでも、新しい価値を生むことは可能です。必要なのは、つねに改善していく姿勢なのです。

8 正しい競合調査の仕方と事実解釈について

▼競合の捉え方はポジションから判断する

あなたの会社は、なにを提供しているのか。つまりベネフィットベースで事業を考えるようにしてください。そのうえで、競合調査をしてみることです。

先ほどの話を引き継いで説明してみます。

一休、食べログ、ホットペッパー、ぐるなびという飲食店検索の4つのメディアがあります。これをポジションで区切ったとき、それぞれ違いがわかるでしょうか。

一休は富裕層向けのメディアとして確立しています。だから、食べログやホットペッパーやぐるなびは競合にはあまりなり得ません。ターゲットを変えただけで市場を独占できるサービスになっているのです。

その他のサービスは、飲食店を探しているユーザーがターゲットなので、それほど違いはありません。

では、何が違うのか。ベネフィットが違うのです。安く食事をしたいのか、匿名の口コミから失敗しないお店をチェックしたいのか。

このように、事実解釈として、競合調査を進めていくことが大切です。要はとらえ方なのです。ただ似ているサービスとだけ考えるのではなく、どのような違いがあるのかを分析してみること。そのうえで、やるべきことを考えてみる。

その結果、より最適な施策が行なえるようになるのです。

▼逆張りの発想で新しい食べ放題の仕組を考えてみる

自分のポジションが明確になり、どのようなベネフィットを提供したいのかを把握することによって、競合が決まります。目に見えている競合がすべて競合になり得るかというと、そうではないのです。起業家は他の会社の商品・サービスとは違う価値をつくっていく必要があります（価値が同じでもより大きい、強いということは必要）。同じことをしていてもダメなわけです。しかし、どうしても成功事例をテキストと捉えて、そのまま、何も考えずに同じようにやってしまう人が多数います。そのような思考方法は、一見するとうまくいっている方法を真似ているのでうまくいきそうですが、結果、多くの人が、この業界の成功要因はこれだ、と同じことを考えて動いていくと、同じような商品・サービスで溢れてしまい、競合だらけの状況となってしまうのです。ゴールドラッシュのような話ですね（金を採掘しにいった人よりも、その人達に対してビジネスをした人が一番儲けたという話）。だから、他の会社とは違う発想をしていくべきなのです。そこで役に立つ考え方の1つが、全く逆をとって、発想していくという、逆張りの発想です。

サービス開発の発想として重要なのは、「逆張り」をとっていくことです。

たとえば食べ放題のお店。90分制などの時間制限がありますが、この時間はお店側が決めていることです。顧客の視点ではありません。僕はいつも食べ放題に行って時間が余ることに不満を持っていました。

そうではなく、この時間をお客さまに決めてもらうというのはどうでしょうか。そうすれば、1分単位の食べ放題というサービスがアイデアとしてできます。そうすると、既存の食べ放題店は直接的な競合にはなりにくい。なぜなら、提供しているベネフィットが変わるからです。

1分単位の食べ放題というのは、これまでに無かったサービスです。つまり、既存の食べ放題店に行くような感覚ではなく、「新しいおもしろい体験をしたい」という顧客がターゲットになるのです。あなたが初めて食べ放題のお店に行ったときの楽しさ、ワクワク感と同じということです。

そう考えると、競合相手は「水蒸気が出る映画館」になるかもしれません。なぜなら、これまでにない体験を提供しているのですから。

それが、ベネフィットベース、価値の提供ベースで考えた、本来の競合ということなのです。

食べ放題という仕組みがなかったときに、食べ放題を考えた人は本当にすごいと思います。しかし、食べ放題ができあがってから、ほとんどの飲食店は何も考えずに、ただそれをそのまま真似しているだけなのです。

起業家はもっと一生懸命、いろいろな当たり前を疑い、新しい商品・サービスとして変革をしていくべきなのです。

先に書きましたフィリピンの留学学校（P.38）の話もまさに、逆張りの発想なのです。

学校サイドが、お客さまにとって重要な部分＝何時間勉強できるのか、を決めていました。何時間勉強できるのかを学校ではなく、お客さまに決めてもらったほうが、より良いサービスになりませんか？　このようにサービスの重要部分について、お客さまに決めてもらうような、逆の発想ができるのか、ということはとても効果的だと思います。

▼当たり前を裏切る、メガネの新しい価値とは

あなたは「ＪＩＮＳＰＣ」をご存知でしょうか。株式会社ジェイアイエヌというメガネメーカーが提供している商品なのですが、なんと、ＰＣ用のメガネなのです。

ＰＣを長時間使用していると、目が疲れます。その原因となっているものに、ブルーライトというものがあるそうです。これは、ジェイアイエヌの社長である田中さんのご自身の経験からビジネス化されています。ＰＣやスマートフォンが発している特有の光のことで、その光が原因となって目が疲れてしまうそうなのです。

こういった現象は、かつては考えられませんでした。なぜなら、それほどＰＣやスマートフォンが普及していなかったからです。そこに着目して、ＪＩＮＳＰＣというメガネを開発したＪＩＮＳ社の視点は、さすがです。

今までは目が悪い人だけのものであったメガネ。それが、ＰＣやスマートフォンを使用するすべての人にまで、市場を広げたＪＩＮＳ。逆張りの発想も入っていますよね。先に述べた新しい市場、大きくなる市場を拓いたとも言えます。

他のメガネメーカーが目の悪い人に対してビジネスをやっていたのに、一方でＪＩＮＳは一般の人に対して売る方法を考えていました。その結果、新しい市場を形成することに成功したのです。こうした視点は、ビジネスに欠かせません。

自分にしかできない状況を構築する。他社ができていない部分に着目する。あるいは、他社もできているが、自分たちの方が上手くできる分野に参入する。そのような視点で、有利にビジネスを進めていきましょう。

9 目の付け所や、見せ方を変えると弱みが強みに、強みが弱みに

▼見方を変えれば弱みが強みになる

ビジネスの常識を疑うことでチャンスが見えます。たとえば、セオリーでいうと、成熟したマーケットでは、大企業がいるから参入は難しいと言われています。

それをみんなが学んでいるとします。みんなが学んでいれば、みんながやらないのです。だから逆に、トライする人がいないからこそ、チャンスが多いとも考えられます。

一般論で、「ニッチな市場を攻めましょう」というと、「どこがブルーオーシャン（競争

のない市場のこと）なのか」と探すことに終始してしまいがちです。そのような発想では、新しい市場を見つけるまで行動できないことになってしまいます。

また、仮にみんながニッチな市場を攻めたらどうなるでしょうか。そのニッチ市場に競合があふれてしまいます。それでは、せっかくのブルーオーシャンもすぐにレッドオーシャン（競争相手が大量にいる市場のこと）になってしまうのです。

実は、その市場において、大手があぐらをかいているかもしれません。そのような状況であれば、自分が新しいポジションをとれる可能性があるかもしれないのです。

逆に言えば、大手は1回つくってしまったサービスを、いかに効率よくオペレーションするか、その方法論ばかり考えているものです。そこの市場で、なにか新しいイノベーションを起こそうなんて思っていません。

「大企業病」という言葉もあるように、大きな企業の責任ある立場の人というのは、「成功をつかみたい！」という感情よりも、「失敗を避けたい！」という感情の方が強い傾向があります。良くも悪くも、大企業というのは官僚的な組織だからです。

そのような市場において、まだアプローチできていない顧客層があればどうでしょうか。そこにアプローチできる商品やサービスを開発し、攻め込んでいけば、そこが「ニッチ」となり勝機が出来るかもしれないのです。

しかも、大企業が進出している分野というのは、それだけ旨味があるものです。その旨味だけを上手に吸い取れるビジネスモデルを構築すれば、小人が巨人に勝てることもあるのです。大企業のサラリーマンと創業社長は決定的に情熱が違います。なので局地戦まで持ち込めば、負けない戦いができると僕は思っています。

▼「アルバイト求人情報」という激戦区で勝負したベンチャー

日本の東証一部への最年少上場記録を塗り替えた村上太一さんが運営する会社、「株式会社リブセンス」は、まさに、大手企業がすでに存在していた市場に挑戦しました。後発にも関わらず、「成功報酬型」「採用祝い金」などの画期的なサービスを提供することで、大きな成功をおさめました。

たとえば、同じ採用に関する媒体を運営している会社に、「株式会社リクルートホールディングス」があります。言わずと知れた大企業です。その他にも、さまざまな企業が、人材の採用という分野でしのぎを削っています。

すでに激戦区で、人材の採用という分野に挑戦するのは分が悪いように思えます。しかし村上さんは、自身が1ユーザーとして感じた顧客視点のサービスを展開していったのです。

アルバイト求人を出す企業は、既存の広告サービスに対して大きな不満を抱えていたわけです。それは、広告を出したとしても、求人が本当にできるかどうかということがわからなかったということです。つまり、広告を出して目的を達成できるか、広告を出してみないとわからなかったということです。これは、ホームページ制作の部分でも書いた話（P．21）と同じです。お客さまの目的は、広告を出すことではなく、求人にあるわけです。ここが1つのチャンスだったわけです。リブセンスはこの業界に生まれていたお客さまの目的と実際のサービスのギャップを生めたわけです。そこで成功報酬型の求人サービスをスタートしました。

すでに大きな成功をおさめている大企業からすれば、わざわざ成功報酬型のサービスを提供する必要はありません。また、採用祝い金などに関しても、余計な出費でしかないのです。そのようなコストがかさめば、キャッシュフローが悪くなるだけです。

そこに、リブセンスという新参企業が参入できるチャンスがありました。ある意味においては、既存の企業があぐらをかいている状態だったのです。しかし、「もっとユーザーが喜ぶ仕組みを提供できないだろうか」と考えてみれば、余計なコストと思われる施策も、多くの人に利用していただくための必要不可欠なサービスとなり得るのです。

このように、既存の市場であっても、すでに大企業が存在している分野でも、新たに参入して結果を出すことは可能です。重要なのはマーケティング、つまり顧客視点とお客さま満足という発想なのです。

誰の目線でサービスをとらえるか、どんな価値を提供するために商品を開発するのか。そのような視点および発想の違いによって、やるべきことは大きく変わります。同じ事実でも、解釈が変われば、見える景色そのものも変わることがあるのです。

10 サービスづくりに欠かせないアイデアを生み出すための発想術

▼コンフォータブルゾーンから外れること

良いアイデアを生むためには、コンフォータブルゾーンから外れなければいけません。人にはコンフォータブルゾーンというものがあります。自分にとって居心地の良い場のことです。

コンフォータブルゾーンにいると、行動、意思決定、選択が同じようになっていきます。付き合う人も一緒ですし、見る映画も一緒。行く場所も、食べるものも、話すことも一緒。そんな生活をくり返していたとしても、新しい気づきが生まれることはありません。

そもそもアイデアは、結局のところ頭の中にある素材の組み合わせの問題です。

頭の中に新しい素材が入って来ないと、つねに組み合わせが一緒になってしまいます。情報同士が化学反応を起こさない。だから新しいアイデアが出てこないのです。先述のいろはすの部分（P．64）でも指摘しています。（業界の当たり前に捉われすぎてはいけません）。

しかし、コンフォータブルゾーンから意図的に逸脱するようにすれば、それだけで、得られる情報は変わってきます。だからこそ、意識して環境を変えることが大事なのです。自分が知らないことを知っている人、普段は話さないような社員、仕事上では出会うことのない異業種の人。そういった人たちと、ぜひ、交流するようにしてください。普段は手に取らないような本や映画、動画などをみてみたり、行かない場所にいってみたり。居心地は悪いかもしれませんが、有益な情報が得られる可能性があります。

そしてそこから、斬新なアイデアや発想が生まれてくるのです。起業家は他社と異なる発想をできるようにならなくてはいけません。

僕たち起業家は常に新しいものや、他の人が気が付かないことなどに気がつき、サービスに組み込み、新しい価値として提供しなければいけません。つまり、他の人や会社と違うことをできる必要があるわけです。そのように考えると、多くの人と同じ行動原理の上に立っていても、なかなか他の人とは違う発想にはなれないと思います。なのでコンフォタブルゾーンから外れたり、逆張りという発想がとても生きてくるわけです。

▼まずは視点を変えること

モノを売っていくにあたって大事なのは、「人と違う見方ができるかどうか」ということです。

たとえば、桃太郎について説明してくださいというと、多くの人は桃太郎の視点で物語をみています。普通はいい話になります。でも、視点を変えるだけで、まったく違った見方ができあがります。たとえば、次のような内容です。

もし鬼に子供がいたとしたら「鬼の子供からすると、急に、桃太郎というよくわからない奴がやってきて、お父さんである鬼がやられてしまったという話」になるわけです。

このような発想は多くの人ができていません。

多くの人は、発想が「ドーナツ化現象」になっているのです。ドーナツの真ん中は穴があいています。みんな物事の中心を説明するわけです。でもそれは、みんながやっているからインパクトが残りません。

もちろん奇をてらう意味でインパクトを残しても意味がありません。

「たしかにそうだよね！」と思わせる意味でインパクトを残さないといけません。ドーナツ化現象を防がないといけないのです。

まさに鬼の話というのは、みんなが桃太郎の説明をしようとすると、ドーナツ化現象で真ん中をとります。たとえば登場人物がこれだけいて、鬼退治しに行きますよと。ほぼみんなが同じ説明をするのです。世の中の多くの商品・サービスもドーナツ化しています。

そうではなく、「鬼の立場からしたらどうだろう」と考えてみるのです。鬼に子供がいたという仮説を構築し、ストーリーを考えてみる。そのような発想の転換によって、物事の見方は変わっていきます。

▼モノからコトへの転換

マーケティングのトレンドは、「モノからコトへ」と言われています。コトとはつまり、体験や経験のことです。

モノだけでビジネスをとらえていると、いずれはコモディティ化して価格競争に巻き込まれてしまいます。ですので、モノという軸だけでなく、コトという軸でビジネスをとらえなおしてみること。そこに活路を見いだせる可能性があるのです。

福岡に出張に行ったときに生簀のある少し汚いお店に入りました。でも地元では超有名なお店で、名店と言われています。3、4席ぐらいのカウンターしかありません。

「何食べますか？」とおばちゃんが聞くので、「じゃあこれ食べます」と僕が注文すると、生簀からおばちゃんが生きたまま魚を引っ張りだしてきて、その場で生きた魚をさばきます。

4席だからこそ、そのパフォーマンスを目の前でやっているのです。これはすごいなと思いました。この「生きた魚をさばく！」という体験をやりたいと思っている人は、たくさんいるなと思いました。稼働していない土日や、営業の間のアイドルタイムを使って、たとえば「親子で一緒に生きた魚をさばきましょう」みたいな料理体験が出来たらいいのにな、と僕は思いました。もしそれを一般の人がやろうと思っても、中々できないですよね？　まず自分たちで、釣りに行かないとダメじゃないですか。そんなの面倒くさいですし、できない人もいるわけですが、お店なら本格的な調理器具を全部使ってそれをやれるわけです。その他にもこんな体験はいかがでしょうか？

▼その1：中華鍋で本格チャーハン体験

中華料理屋さんのチャーハンを作る鍋は、洗うときに水を入れて、タワシではなくお茶を立てるときに使う茶筅のような特殊な道具で洗います。そして、豪快に地面に汚い水を捨てて、そしてまた新しい料理を作ります。本格的な中華鍋でチャーハンを作ってみたいという人はいると思います。1回やってみたいと思う人にアイドルタイムに「コト」を体験してもらっても良いかもしれないですよね。

▼その2：「見てから買う」の常識を覆す!?

飲食店は食器が必ずありますよね？　たとえば食器を買うときに、実際に食器に食べ物が乗っていて、それを食べながら食器を買ったことのある人は、ほとんどいないと思います。食器は、使用されていない状態のものを「見に行って買います」というのが普通のアクションです。でも本来食べ物を乗せて使うものですから、実際に使ってみるとどうなんだろうというのが飲食店で体験できる、というのもいいと思います。方法としては、食器メーカーなどに食器をスポンサードしてもらいます。お客さまはそのメーカーの食器を使いながら「すごくお洒落な食器だな」と思うとします。そうすると、その場でタブレッドなどを置いて注文できるようにしてみるなど……そういうのもアリだと思います。

モノをモノとして売るのではなく、いかにコトに変換させて、体験として売るのか？この視点は絶対に今後のサービスづくりに不可欠となります。

▼漠然と花火を楽しむからの脱皮「株式会社長谷川商店」

花火店の事例です。普通、花火はスーパーやホームセンターなど、量販店で販売されています。コンビニエンスストアで購入したことがある方も多いでしょう。

しかしなかには、花火を専門に取り扱っている業者もあるのです。その中でもとくに、

http://www.21hasegawa.jp

斬新なサービスを提供しているのが、東京都台東区にある「株式会社長谷川商店」です。

おもしろいのが、店内に「花火コーディネーター」を配置していること。花火コーディネーターは、お客さまから相談をうけ、それぞれのシーンごとに最適な花火を紹介しています。個々のお客さまごとに最適な花火を提案することで、顧客満足度を高め、リピーターを獲得しているのです。

一方で、一般的な花火はどうでしょうか。セットになって販売されているので、どれも似たようなものになっています。これでは、満足度が高まるはずもありません。新しい花火と出会うこともなければ、花火をするということ事態がマンネリ化してしまうのです。

そもそも花火というは、一般の人にとって身近なものではありますが、「どのような種類があるのか」「どのくらいの頻度で新商品がつくられているのか」などは知られていません。だからこそ、花火コーディネーターが必要なのです。

それぞれのシーンに応じて最適な花火の組み合わせを紹介してくれます。それなら、いつ、だれと、どこで、どのくらいの規模で花火をするのかによって、シーンごとの楽しみが得られます。つまり、花火の価値そのものが高まるのです。

もちろん、花火コーディネーターがいることによって、再訪問にもつながります。もはや、他の店で買う理由はありません。これもまた、稼ぐ仕組みの好例と言えるかと思います。

花火の価値を高め、お客さまの満足度をあげる。既存の商品であっても、お客さまの視点から工夫することで、ビジネスチャンスを広げることができるのです。

〝店内約500種類の花火を全て把握しているスタッフがお客さまに合った花火を低価格で提供します〟（株式会社長谷川商店ホームページより）

この言葉はまさに、お客さまのことを考え抜いている会社だからこそ、出るものだと思います。

第3章

お客さまのことを考え抜いた販売術

目的と使命に取り組むうえで
答えるべき究極の問いは、
顧客にとっての価値は何かである。

ピーター・ドラッカー

1 一石三鳥を生む販売戦略

▼お客さまの数を増やすことによって得られる3つのもの

たとえばお客さまが100円の商品を1個買ってくれたら、僕はその瞬間には100円しかもらえません。そこで、「たったの100円なんて……」と思えば、あなたはお客さまを雑多に扱うかもしれません。

しかし、そこで考えるべきなのは、今いくらもらえるかではなく、このお客さまと長い間付き合うことで生まれる、このお客さまから生涯でいただける総額ということなのです。つまり、長期的なスパンで物事を考える必要があるのです。（時間軸の話もありました（P.59））。

ビジネスを長期スパンで考えてみると、あなたからもらうのは100円ではありません。今のこの瞬間は100円かもしれませんが、たとえば10年というスパンでみると500万円もらっていることになるかもしれません。そのように考えれば、対応そのものが変わるはずです。そのことによって、無視していた人がお客さままであることに気がつき、お客さまの数が今よりも増えますよね。

長期間の付き合いを前提にすることで、お客さまからいただく報酬も増やせますし、また、お客さまの数も増やせるわけです。お客さまの数は会社や商品・サービスにとって信頼となります。それが実績や、お客さまの声の形になって、また商品・サービスの改善のヒントになって更なるお客さまの数の増加に寄与します。

また別で気づかなければいけないのは、お客さまが僕たち会社に抱いている「期待値」です。期待値とは、「このぐらいのお金を支払っているのだから、このぐらいのサービスを提供してくれるだろう」という想定のことです。その期待値を大きく上回ることができれば、あなたが提供する商品やサービスは、お客さまの記憶に残ります。

そのようにして、つねに期待値を上回る価値を提供していくのです。そうすると、「すごくいいサービスでした」といって、ＳＮＳに投稿するかもしれないですし、周りの人に話すかもしれません。すると周りの人がお客さまになってくださり、このお客さまの期待値をも超えることができると、このお客さまも周り人を紹介してくれるかもしれません。この流れはずっと、続いていくわけです。直接的な相手が満足してくれるだけでなく、周囲のお客さまも呼んでくれる。まさに一石三鳥の効果を生むのです。

お客さまに対して、そのような衝動を起こさせないといけません。すべての行動は連動しているのです。

目の前の1人にモノを売ったというだけでなく、ひとつの行動が一石三鳥に効果をもたらしてくれる。そのような発想でビジネスを展開しなければならないのです。そのためには、目の前のお客さまをどのように捉えるかがポイントになるわけです。

▼サービスとは不完全なものである

また、時間軸で考えれば、サービスとは不完全なものであり続けます。つまり、不完全であるがゆえに、つねに成長して変わっていかなければならないのです。

柔軟に変っていくためには、僕は、圧倒的にお客さまの数を持っていることが大切になると思っています。

お客さまの声を聞き、出てきたオーダーに対応できるように努力する。「あ、こんなニーズもあったのか」と気づきを得て、商品化する。そのように、ビジネスもまた進化していかなければならないのです。お客さまの数があること自体が新しい商品・サービスとなっていくこともあります。

だからこそ、ライフタイムバリュー（長い期間のお付き合いを前提として、お客さまからいただくことのできる報酬）を意識することと、目の前のお客さまを大切にするということは、ゴールが一致しています。

とにかくお客さまの数を集めることによって、ライフタイムバリューを高めつつ、お客さまを紹介してもらえる。それが、ビジネスにおける好循環なのです。

もちろん、数をこなすことによって、業務レベルも高まっていきます。量が質を生むのです。そして、質がさらに昇華されたらブランドになります。量があることによってブランドが生まれるのです。

他社と比べたとき、「ここが1番のブランドだよね」と言ってもらえること。そうなれば、単価を高くしても選ばれ続けることになるのです。

2 ニッチ市場でも勝負できる考え方

▼水中で使えるウォークマンを買った人の正体

かつてソニーが、スイマー向けのウォークマンを発売したことがありました。泳いでいる人にも音楽を楽しんでもらいたいという想いからです。ただ、単純に考えてみると、市場はかなり小さいように思えます。

でもそのウォークマンは、ヒット商品となりました。では、なぜヒットしたのでしょうか。理由は、「泳ぐときだけに使うのではない」ということです。

スイマー向けのウォークマンとして発売したとき、多くの人がイメージするのは「プールで装着するんだろうな」ということです。いわゆる、定期的に泳いでいる人が、運動しながら音楽を楽しめるのだろう、と。

しかし実際に使用している人は、それだけではありません。たとえば、漁師さんやトライアスロンの選手など、水に関係している人たちが率先して使っていたのです。考えてみると、そのような人たちにも需要はありそうですよね。

大切なのは、小さい市場を狙って商品を開発しても、その奥にある需要をイメージできていれば、十分に勝負できるということなのです。必ずしも、大きな市場を狙う必要はないのです。

車椅子の人向けにバリアフリー商品を開発したら、ベビーカーを押すママさんからの支持も得られた。このように、価値があるものに対しては、需要が広がる可能性があるのです。

大切なのは顧客が欲している価値、需要をイメージしてみること。市場を絞っても、ニッチだとしても、大きな売上を得られるということは十分にあるのです。

▼お客さまが新商品の発案者になることも

お客さまからヒアリングした結果、より優れた新商品の開発につながる場合もあります。たとえば、店舗で実施しているアンケート。あれはまさに、既存の商品やサービスを改善させるために役立てられています。

ホンダのヒット商品である「N-BOX」という自動車は、そもそも、主婦の視点から生まれたものです。主婦層のユーザーにインタビューした結果、需要があると判断され、開発されたのです。

N-BOXの特徴は、天井が高いこと。しかし、そもそもなぜ天井が高いのでしょうか。ポイントは、乗せられる荷物にあります。なんと、N-BOXには2台の自転車を積むことができるのです。

では、なぜ2台の自転車を積むことが求められていたのでしょうか。そう聞くと、多くの方は「ピクニックに行くため」と答えます。たしかに、趣味としてのサイクリングは普及していますが、需要はそこにあるのではありません。

答えは「塾の送り迎え」です。子どもたちが自転車で塾に行っているとき、もし、雨が降ってきてしまえば。迎えに行くしかありません。そのとき、親御さんが「自転車は置いていきなさい」と言うと、子どもは「明日も使うからダメ」と答えるのです。

そのようなとき、N-BOXで迎えに行けば問題ありません。自転車が2台そのまま積めるので、雨の中でも一緒に帰ることができます。

果たして、クルマの性能を向上させることだけを考えているエンジニアに、このような発想で新車を開発することはできるでしょうか。やはり大切なのは、お客さまの声なのです。これくらい一見すると小さいように思える、お客さまの需要であってもヒット商品・サービスになる可能性があります。リソースの少ない起業したての場合には、絞り込むことに尽きます。

▼ブランドはどのようにしてできるのか？

業界1位やナンバーワンということが、そのままブランドにもなり得ます。

そもそも、ブランドというのは、いろんなことを知っていて、熟知していて、認知度が高いとか、さまざまな要素が複合的にからみあって構成されているものだと思います。

そのきっかけとなるものは、やはり数（量）ではないでしょうか。プロ野球選手であるイチローはだれよりもバットを振っているからヒットを打てます。練習量が1番多いことも活躍できる大きな理由だと思います。それが前提です。

ビジネスも同じで、お客さまとの関わりが多ければ、そこから学ぶことができます。同じ業務をして、同じポジションにいても、知っていることがまったく異なってきます。より精度の高い専門家になれるのです。

お客さまにとって、よりバリューのある提案ができるようになり、それがブランドとして認知されます。ブランドとは、数によってはじまり、蓄積によって構築されるものだと思います。

結局は、目の前のお客さま1人に対して、どのような対応をするかがカギをにぎります。そこがすべてのスタートです。考えないといけないのは、ライフタイムバリューの発想をもって、今の利益だけを追求しないこと。

そして、お客さまに価値を提供し続ければ、結果的にお客さまが増え、サービスの質が高まり、ブランドになります。その後であれば、無理なく単価を上げることもできるのです。起業家は、やはりリソースが少ないため、欲張らず、お客さまを敬ってそのお客さまを一番喜ばす商品・サービスを命がけでつくるべきです。

▼シェア=お客さまの数が多いということの意義

ほとんど全ての業界では業界におけるシェアに、過剰なぐらいこだわっています。その理由はどこにあるのか。実は、業界1位か2位かによって、選ばれる力が大きく異なるのです。

考えてもみてください。もしあなたが何か商品・サービスを購入するとして、業界1位のものと、そうでないものの、どちらを選ぶでしょうか。やはり、多くの人が業界1位の商品・サービスを選ぶと思います。

「国内シェアナンバーワン」という肩書は、大きなインパクトがありますから。どの業界でも、どの分野でもそうですが、ナンバーワンという実績は財産になるのです。

▼弱者の攻め方としての「ランチェスター戦略」

ニッチ市場で勝負する際に、意識しておきたいのは「ランチェスター戦略」です。ランチェスター戦略とは、以下の2つの原則からなる戦略のことです。

第一法則　戦闘力＝武器効率×兵力数（1vs1で戦う状態）

第二法則　戦闘力＝武器効率×兵力数の2乗（複数vs複数で戦う状態）

もともと戦場で活用されていた法則のため、用語が戦闘力となっていますが、これを「営業力」に変更すれば、そのままビジネスにも応用できます。

ランチェスター戦略の法則から導かれるのは、起業したての体力がない企業には、1vs1の一騎打ちの状態で戦うことが必要になるということです。正面から勝負を挑んでも、勝ち目はありません。そこで、奇襲をしかけ、一騎打ちに持ち込むことが求められます。ビジネスにおける奇襲とは、ニッチ市場に攻め込むことです。すでに存在している企業にしてみれば、「そのすき間が空いていたか」と、意表をつかれることになるためです。あとは、そのニッチ市場に対して自社の資源を集中的に投下していく。その市場のお客さまを理解し、最適な打ち手を選択し、粛々と攻めていく。そのようにすれば、資源の小さいベンチャー企業にも勝ち目がでてきます。絶対にリソースを分散してはいけません。

たとえ小さくても、1つの市場を制覇してしまえば、大きな利益をあげることが可能となります。顧客から支持され、社会に周知され、成長していくことができるのです。あとは、その市場で得られた資源を活用して、新しい取り組みをしていくだけです。

3 Webマーケティングを利用した販売方法

▼成功するためにはサイトの目的を決めよう

今の時代にあって、Webを使わずに商品・サービスを売っていくということをしないという選択はないと思います。そのため、Webをどのように使っていけば、うまくいくのか?ということをここではご説明いたします。

まず、Web集客において大切なのは、「どれだけサイトから集客をしたいか」ということです。つまり、「目標の設定」です。

1つのサイトから年間100件の依頼を取りたいというサイトと、年間10件の依頼が取れれば十分というサイトでは、やるべきことが異なります。だからこそ、最初の目標設定が重要なのです。

年間10件でいいという場合であれば、年間100人と比べた場合、商品やサービスを共感してもらうことに力点を置くことになります。つまりお客さまをものすごく絞り込んでOKということです。一方で、100人集客したいのであれば、それなりに人を集めなければなりません。つまりお客さまの範囲を広げる必要があります。

そのように目標を設定したうえで、やっていくことを決めていきます。

失敗しているWeb集客の大半は、まず一番大切な目標のセットがないわけです。

サイト制作において、重要視するべき指標は3つあります。1つ目が「ターゲットによるアクセスがあること」。2つ目が「コンテンツ力」。3つ目が「サービスの優位性」です。この3つがあれば、集客ができるサイトになります。

「ターゲットによるアクセス」とは、そもそも自分が想定しているお客さまがサイトに訪問しない限り、サイトから売上が上がるということがあり得ませんよね？　なので、自分が定めているお客さまからのアクセスを集めることが一番大切になります。

「コンテンツ力」とは、他のサイトよりもコンテンツが充実しているということです。コンテンツとはサイト内のページや、サイト自体の見やすさ、デザインなど全てを指します。コンテンツは質と量によって評価されますが、そのいずれか、あるいはどちらとも競合のサイトより優れていれば、コンテンツ力があると判断していいかと思います。

「サービスの優位性」とは、実際のサービスが優れているということです。いくらターゲットからのアクセスがあったとしても、いくらコンテンツ力があったとしても、実際のサービスが悪ければ、継続的に集客することはできません。

この3つの要素が、サイトによる集客の要となります。

ただし、サイト集客においてもっとも大切なのは、ターゲットによるアクセスがあるかどうかです。

考えてもみてください。お客さまの訪問がまったくなければ、商売にすらなりません。そうなると、集客どころではないのです。そもそも、ビジネスになり得ない。だからこそ、ターゲットによるアクセスこそが大事なのです。

ターゲットによるアクセスがなければ、いつまで経っても売上はゼロのままです。まず、あなたが考えるべきなのは、「どうすればターゲットによるアクセスが稼げるのか」ということなのです。それに比べたら、デザインや見た目など、取るに足らないことです。

▼サイトへのアクセスはどうしたら取ることができるのか？

では、どうすればターゲットによるアクセスを集めることができるのでしょうか。ポイントは3つあります。

1つ目はSEO対策。SEOとは、グーグルやヤフーなどの検索エンジンで、あなたの商品に関連するキーワードが検索されたとき、いかにあなたのサイトが上位表示されるかということです。いわゆる検索エンジン最適化ですね。

2つ目はリスティング広告。これは検索エンジンに表示される広告のことです。検索してみると分かりますが、検索結果には広告も含まれています。その部分に広告料を支払って表示してもらうのがリスティング広告というわけです。

リスティング広告の料金はオークションのようなシステムによって決められています。人気のあるキーワード（集客に直結するキーワードなど）は、高値がついています。ある意味では、お金で検索結果を買うことができると考えてもいいでしょう。

ただし、リスティング広告の場合には、値上がりにも対応しなければならないというマイナス面があります。人気のあるキーワードで広告を打つとなると、それだけコストがかかってしまうということです。

一方でSEO対策の場合は、自然検索への対策となりますので、基本的にお金はかかりません。その点が、SEOの強みです。ただし、自分がどの順位で表示されるのかは分からないため、効果が不明確という難点はあります。

そして3つ目が、facebook広告です。facebook広告とは、その名のとおり、facebook上に広告が出せる機能のことです。広告なので、リスティング広告と同じように有料となります。

ただし、facebook広告は、リスティング広告よりも安価なのが特長です。また、狙いたいターゲット属性も限定できるので、無駄がありません。最近では、リスティング広告からfacebook広告に移行している方も多いほどです。

アクセスを集める方法として、「SEO」「リスティング広告」「facebook広告」の3つがあると覚えておきましょう。ただ、僕が考えているもっとも好ましい手法は、自然検索、つまりSEO対策です。

とくにSEO対策は、費用対効果がいいという特徴があります。広告のように、コストに悩まされることなく運用できるのが最大のメリットになります。ですので、資金があまり用意できない初期のころは、ぜひSEO対策に力をいれてみてください。

たとえばグーグルの検索エンジンの場合、1ページ目に10個のサイト記事が表示されます。このうち、1番上に表示されると、検索した人のうち20％ほどがアクセスしてくれるという統計データがあります。

ただし、同じ1ページ目でも、1番下に表示されている場合には、2％ほどしかクリックされません。ですので、できるだけ上位に表示させるようにする必要があるのです。

では、SEO対策はどのようにして進めていけばいいのでしょうか。ポイントは、「コンテンツ力」にあります。

そもそも検索エンジンには、主にヤフーとグーグルがあります。ただし、ヤフーはグーグルが使っている検索の仕組みを借りて、検索結果を表示しています。つまり、検索エンジン対策とは、グーグル対策ということなのです。

グーグルの売上のほとんど全ては、リスティング広告やネット上の広告が収益源になっています。ですので、グーグルは検索する人に対して、無料で使っていいですよ、とたくさんのユーザーを集めているのです。

その結果、検索するユーザーが増えれば増えるほど、広告収入も上がります。

ただし、もし何らかの情報を知りたいと思って検索した人が、検索結果のページに無意味なサイトばかり表示されたらどう感じるでしょうか。当然、満足度が下がります。場合によっては、他の検索エンジンを使おうと考えるかもしれません。

言うまでもなく、それはグーグルにとって望ましくない状況です。広告収入を最大化させるためには、グーグルという検索エンジンが、検索ユーザーにとって有益なものでなければならないのです。つまり、ここで言う「コンテンツ力」とは検索ユーザーの知りたいことに訴求する度合い、ということです。

検索の順位は、それこそいろいろな要因がからみあって決まっています。ですので、小手先のテクニックで上位表示を目指すのは難しいと言わざるを得ません。

たとえば、競合サイトがコンテンツの質にこだわり、10年前から1，000ページもあるサイトをつくっていた場合、この競合に勝つのは至難の業です。現実的な対策としては、この競合サイトが上位表示できていないキーワードを狙い、そこから攻めていくことになります。

あるいは、競合よりも優位性のあるサービスを育てることも大切です。サービスそのものの質は、ビジネスの根幹です。上位表示と同時に、サービスそのものの価値を高めていく事も必要です。

サービスの優位性ができた段階で、あらためてコンテンツやサイトデザインについて考えれば問題ありません。

いずれにしても、サイトほど費用対効果の良い営業チャネルはありません。今後も、ユーザーは増えていくことが予想されます。

最近では、スマートフォンやタブレット端末など、複数のデバイスからアクセスする人も増えてきました。そういった部分についても対策が必要です。

サイトはつくって終わりではありません。サービスの有益性を高めつつ、魅力的なコンテンツ制作を両立して行っていかなければならないのです。

制作したコンテンツというのは、後の財産になります。たとえば、100ページつくったのなら、翌年も翌々年も、100ページは残り続けるのです。ぜひ、サイトをしっかりと育てていき、Web集客を実現させましょう。

▼検索ユーザーの便益を考えて

では、コンテンツ力によるＳＥＯ対策とはどういうことでしょうか。簡単に言えば、「検索したキーワードに関連する必要な情報が掲載されているサイトが上位表示される」ということです。

たとえば、「会社設立」というキーワードで検索した場合、検索ユーザーはおそらく、会社を設立したいと考えているはずです。そのため、「会社を設立する方法」「会社設立の諸手続き」「会社設立費用」などの情報を記載しているサイトが上位表示されます。

とくにグーグルが目指しているのは、検索ユーザーの期待を超えることです。ただ、知りたい情報を提示するというだけでなく、一歩先ゆく提案までしてくれる。そのような未来を目指しているのです。

ということは、検索結果として上位表示するサイトに関しても、より価値のあるものでなければならない、ということになります。つまり、「会社設立」という目的が達成できるようなサイトが上位表示されるのです。

このことからも分かるように、ＳＥＯ対策の基本はコンテンツの質です。検索ユーザーの望みを叶えるコンテンツを配信すれば、おのずと上位表示される可能性があるのです。その点をよく理解して、コンテンツを制作するようにしましょう。

コンテンツ力には、ソフト面とハード面があります。ソフト面とは、サイトに表示されているすべての情報です。いわゆるコンテンツそのもののことですね。

たとえば、サイト運営者の情報として、顔写真があるのとないのとでは、どちらが信用できるでしょうか。当然、顔写真があった方が好まれます。

そのように、コンテンツ力のソフト面は、工夫次第でどんどん向上していきます。アイデアひとつで高めることが可能となるのです。また、他のサイトにはないコンテンツを配信することができれば、それだけで優位な状況を構築することも可能です。

サイトに表示される情報は、すべてコンテンツと考えていいでしょう。グーグルが目指している、検索ユーザーの期待を超える検索結果を表示させるためにも、お客さまの期待を超えるようなコンテンツをつくりましょう。

丁寧に、分かりやすく、かつテキストだけでなく画像も駆使することによって、コンテンツ力のソフト面は高まっていくのです。

次に、コンテンツ力のハード面とは、サイトのデザインや文字の大きさ、色などのことです。デザインや色をちょっと変えるだけで、オシャレなサイトをつくることができます。

ただし、ことSEO対策という観点から考えると、ソフト面の方が重要であることは間違いありません。どんなにデザイン性の高いサイトであっても、コンテンツが有益でなければユーザーにとって価値がないからです。その点を、忘れないようにしてください。

そもそも検索ユーザーは、かっこいいデザインではなく、自分が抱えている問題を解決してくれる情報や企業を探しています。サイトはそのための手段でしかなく、コンテンツも同様です。

ユーザーにとっての価値とはつまり、サービスでありソリューションです。ユーザーの目的は、サイトを見つけることでも、コンテンツを読むことでもなく、問題解決だからです。

そのことから考えれば分かるように、あなたの会社が競合他社よりも優れたサービスを提供していないと、サイトに来てくれる人はいても、物やサービスは売れません。当然のことです。

問題解決のためのソリューションを探している人にとって、結果的に問題解決に至らなければ、意味がないのです。また、競合他社の方が優れたサービスを提供しているのであれば、グーグルが目指していることから考えて、そちらが上位表示されるべきでしょう。

サイトから集客しようと思った場合、「ネットの知識がないから売れそうにない」と思っている方がいます。しかし、そうではないのです。現実に物を売れない人は、ネットでも物を売ることはできないのです。

サービスの優位性はビジネスの本質です。サービスそのものに優位性がないのであれば、まずはその点を改善すること。そこからはじめましょう。

4 サービスに販売を優位にするアイデアを組み込む

▼至れり尽くせりで通常より同窓会の会費が安くなる～笑屋～

とても頭の良いなと思うサービスに、同窓会の代行会社があります。

たとえば誰かが同窓会の幹事をやると、幹事の人はかなり大変ですよね？同じクラスの人でさえ連絡がとれないこともあるし、違うクラスの人なんてほとんど分かりません。

この会社にお願いすると、自分が連絡する手間がなくなります。そしてデータベースまで作ってくれます。当日はアナウンスを流してくれて、オペレーションなどもやってくれます。

ここまででも素晴らしいのですが、もっとすごいことがあります。自分でやると5千円とか1万円をお客さまから会費として貰わないといけないですよね？　ここにお願いすると、場合によっては、会費が自分でやるより安くなるのです。あり得ないですよね？　何より手間が発生しているから、普通高くなるはずです。

なぜ安くなるか。たとえば薬剤師さんって、本当に今成り手がいないんです。一方、薬剤師さんの同窓会があれば、来る人は全員薬剤師さんです。そこに企業のスポンサーを付けています。薬剤師が100人集まり、資格を持っているのに今働いていない人などがいたときに、ドラッグストアのスポンサーを付けてリクルートさせます。そこでスポンサー代20万円貰えるとして、50人参加していたら1人4,000円貰っているのと一緒ですよね？　だから、本来5,000円貰わないといけないところを、3,000円でOK、ということが出来てしまうのです。慶応のロースクールの同窓会というと、みんな弁護士さんです。そこにスポンサーをつけるわけです。このように同窓会をする本人からすれば、当たり前のことであっても、その当たり前の環境が誰かにとっては喉から手の出るような状況だったりするわけです。

▼学生無料のカフェ～知るカフェ～

「知るカフェ」は大学の前に出店しています。たとえば同志社大学前や京都大学前、早稲田大学前などです。ちなみに、この知るカフェ、学生は無料で利用することが出来ます。誰がこのカフェの運営資金を出しているかというと、企業なんです。

スポンサー企業は、リクルートのためにこのカフェに協賛金を出しています。ここは学生が無料で利用することが出来ます。早稲田大学の学生や京都大学の学生などが、無料で使えますということでここに集まってきます。そこに企業がスポンサードしているので、カフェで企業が無料でセミナーを開催し、リクルートにつなげていく。リクルートの予算をいただいてカフェを作っているのです。

スポンサーの1年間の売上だけで、たとえば1年間の売上が3，000万円って決まってしまうわけです。普通の飲食店は事前に売上を見通すことはできないですよね？　それが最初に一定の売上が確定するのです。

普通の飲食店だとそんなこと絶対に考えないですよね。普通は自分でコツコツ2，000万円貯めて飲食店をオープンしますが、この「知るカフェ」は他の人にお金を出してもらってオープンしてマネタイズしています。

学生は無料ですよ？　普通、お客さまに無料で利用してもらうなんて誰も考えないですよね？　お客さまからいくらもらおうというのは、当たり前の構図に入ります。カフェだったら300円にしようかなとか、350円にしようかな、とか。そういう細かい金額設定の戦いです。

ですが、そこの50円をどうするか？ではなく、もっと違う発想をしましょう！ということなんです。

同窓会の話、学生無料の知るカフェなど、どちらも、商品自体がとてつもなく強いですよね。お客さまを説得せずとも、お客さまにはメリットしかないことがすぐにわかります。商品の中に販売の役割も入ってしまっているわけです。ご自身で同窓会をやるよりも同額だったとしても圧倒的に楽に開催ができます、場合によっては、自分でやるよりも楽に値段も安くできるとなったら、誰もがお願いしたくなりますよね？

知るカフェも同様です。無料でコーヒーが飲めるなら、知るカフェを使おうとなりますよね。

どちらも商品力が強烈に強いため、口コミが生じやすく、また、メディアなどもこぞってとりあげてくれます。まさに販売部分の役割が軽減されるわけです。

▼「グロースハック」を意識してみよう

このように、商品の中に販売の要素を組み込んだり、商品・サービスを成長させるポイントを熟知して、戦略的にビジネスを加速させていくことを「グロースハック（成長をハックする）」と言います。そして、グロースハックを実践する人々は「グロースハッカー」と呼ばれています。

Apple、Google、Facebook、Twitterなど、数多くの世界的企業を輩出しているシリコンバレーでは、グロースハッカーが注目されています。とくに、できるだけ広告費をかけずに商品やサービスを普及させようとする発想が、これから先、求められていくと考えられているためです。そのためには、商品・サービスの中に販売の要素が必要になります。

もっとも、グロースハッカーになるのは簡単なことではありません。分析力、クリエイティビティ、幅広い好奇心など、必要な資質はたくさんあります。ただし、そのような優れた人材だからこそ、世界に広がるようなサービスを生み出し、普及させることができているることは間違いありません。

グロースハッカーの発想は、まさに、起業家の発想と同じです。ビジネスを成長させていくために、より有利な方法を模索し、社会に大きな価値を提供していきます。自分たちが大きくなれば、お客さまに提供できる価値も大きくなります。結果的に、マーケティングの発想を実現していくことになるのです。

たとえば、ユーザー数が5億人を突破し、時価総額は1兆円とも言われているオンラインストレージサービス「Dropbox」（2016年時点）は、巧みな戦略でグロースハックに成功しています。

その代表的な施策が、ユニークな紹介特典です。Dropboxを使用しているユーザーが、友人をDropboxに招待すると、最大で16GBの容量を得ることができるという内容のものです（口コミを起こすこと、お客さまの力を上手く借りるわけです）。

この特典は、Dropboxを利用したことがない人にとっては、ピンとこないかもしれません。しかし、オンラインストレージサービスの特徴から考えれば、ユーザーにとってこの特典は魅力です。無料で、より多くのデータを保存することができるのですから。

しかも、Dropboxのようなオンラインストレージサービスの場合、使いはじめてしまえば、なかなか解約しづらいものです。つまり、大きく普及させてしまえば、その後は自然にユーザーが増えていく仕組みになっているのです。

このようなグロースハックの取り組みを意識して、営業活動に生かしていきましょう。

第4章

商品&サービスや販売&営業を決定的に強化するための提携術

およそ事業をするには、
まず人に与えることが必要である。
それは、必ず後に大きな利益をもたらすからである。

岩崎 弥太郎

1 視野を広げて互恵関係を築くべし

▼世界を席巻するシェアリングエコノミーをあなたも活用しよう

「自己を捨てることによってまず相手が生きる。
その相手が生きて、自己もまたおのずから生きるようになる。」

松下幸之助

ビジネスの世界においてトレンドとなっているものに「シェアリングエコノミー」があります。たとえば、Uber や Airbnb などは、シェアリングエコノミーの代表です。

そもそもシェアリングエコノミーとは、モノ、お金、サービスなどを共有・交換することによって成り立つ、経済の仕組みです。大量消費社会と比較した場合に、よりエコな仕組みとして注目されているのです。

提携関係、コラボレーション、ジョイントベンチャーなどと協力関係を利用したマーケティングの手法と同義です。

シェアリングエコノミーの発想は重要だと思います。どんなビジネスにおいても、無駄や余っている部分があるものです。そういった部分について、お互いに協力し合うことで、より効率化できる可能性があるのです。

たとえばAirbnbというサービス。これは、自分の家の空いている、余っている部屋を泊りたい人に貸し出すサービスです。新しくホテルを建てたりしないで、既存のリソースを使用することで新しい宿泊場所ができあがるわけです。資源の無駄を少なくすることに貢献しています。

もしあなたのビジネスにおいて、無駄になっている部分があるのであれば、あるいは互恵関係を結ぶことで商品強化につながるのであれば、発想を切り替えて協力関係を模索すべきです。

そうするとどうなるか。まず、単純にコストが削減できます。無駄がなくなるので当然です。また、収益率も高まります。自分たちの力だけではなく、相乗効果を生み出すことによって、さらなるビジネスも生まれるかもしれません。

▼「もったいない」という発想をもつ

シェアリングエコノミーの発想をビジネスで実践するには、まず、自分が持っているリソースを率先して相手方に開放することです。

たとえば、サイトの空いているスペース。僕の持っているサイトの場合には起業家がたくさん訪問してくれるので、起業家向けにビジネスをやっている人からすると、その空間はとても魅力的な場所となるわけです。このように関係性の強い人がいれば、そこに情報を掲載させてあげればいいのです。もちろん、有料でも無料でもいい。そうすることで、役に立つことができます。

事務所に使ってない機材があれば、どんどん貸し出してあげる。必要としている人がいれば、「もっていっていいですよ」と声をかける。カメラやプロジェクターなど、使っていない機材があれば、提案してみてください。きっと、喜ばれると思います。自分にとって余っているものはたくさんありますよね。

もちろん、物だけではありません。情報、顧客、スキルやノウハウなど、あらゆるリソースを提供することによって、より強固な互恵関係をつくることができます。店舗の空きスペースで一緒にビジネスをしたり、セミナーを共同開催して人を集めたりするなど、考えればキリがありません。自分の時間も同様です。モノを売っていない、コンサル、デザイナーのような人は、自分の時間が余っているのであれば、その時間を価値として、誰かに提供してあげたらよいわけです。

まず、もったいない、という発想を持つことです。余っているのはただの無駄。放置しているだけ。それならば、ケチケチしないで貸してあげること。広い心をもって提案してみること。そこからはじめましょう。

そのような過程において、結果的に、あなたにとって直接お金にならなくても、あなた自身のお客さまにもメリットがある場合もあります。たとえば、「ちょうどこの分野の専門家を探していたのだけど、紹介してくれない？」というように、あなたがあなたの周りの人を紹介するチャンスにめぐまれるかもしれません。提案されるかもしれません。もちろん、喜んでつないであげましょう。

するとどうなるか。あなたがさらに必要とされる存在になれるのです。または、あなたが自分だけではなく周りの人のリソースをも持てるようになり、お客さまに対して高い価値を提供できるようになっている、と考えてもいいと思います。また、紹介してあげた専門家の方の仕事になれば、すごく感謝されますよね。結果、あなたにも返ってくる話なのです。

▼セミナーや勉強会の共同開催

たとえば、セミナーの共同開催はオススメです。単独で行なうよりも、より多くのお客さまを集客できるだけでなく、新しい顧客を開拓することにもつながるためです。僕はかなりよくこのパターンを利用しています。自社が毎月何回もやっている起業家向けのセミナーがあります。

毎回10名ほどの方にきていただいています。ここには起業に興味のある方が集まります。起業に興味のある方に会いたい企業というのはたくさんいます。たとえば、税理士さんをはじめとする専門家があげられます。このような専門家の人が自分で10名の起業に興味のある人を集めることは難しいです。しかし、自社は既にそのような状況をつくっています。2時間のセミナーのうちの20分、5時間のセミナーのうちの60分などを、僕は専門家の方に開放し、講師として招いております。この専門家の方々にチャンスメイクしているわけです。

また、同時にひとつの企業が保有しているスキルやノウハウ、情報には限りがあります。しかし、それらを別の企業と組み合わせることによって、さらなる価値を生み出すことが可能です。まさに、組み合わせに関しては無限大です。僕たちは起業時の税金の話などはできませんが、税理士さんを招けば税金の話をしてくれるわけですよね。

その結果、お客さまからも喜ばれます。できることなら、だれしも、より有益で質の高い情報をほしいと思っているものです。1社でセミナーをやるのではなく、複数の会社で一緒にセミナーを開催すれば、提供できる価値もまた増えるのです。

すでに人が集まる仕組みを構築できているのであれば、積極的にそういった場を開放してみてください。思っている以上に、相乗効果を得られるはずです。自分たちだけで資産やリソースを囲い込んでいるのはもったいないのです。

1件でも2件でも、次につながればそれでいい。その場ではメリットがなかったとしても、いつか売上や集客につながればそれでいい。そのように考え、ぜひ、シェアリングエコノミーの発想を実践してみることです。

セミナーの共同開催に関わらず、自社のリソースだけで事業を展開しようとすると、自ずと限界があります。自分たちだけでできることなど、それほどたくさんあるわけではないのです。

しかし、複数の企業が組んで活動することで、できることは無限に広がっていきます。まずは、自分たちから積極的に、声をかけてみてください。相手にとってもメリットがあれば、良い関係を結ぶことは難しくないのです。

2 販売・商品強化のための互恵関係の考え方

▼「返報性の法則」

あなたはお中元をもらったら、どのような対応をとりますか。きっと、お返しをすると思います。これはいわゆる「返報性の法則」と呼ばれているもので、人は、相手から恩を受けたとき、お返ししようと考えるものなのです。

シェアリングエコノミーの発想の根幹には、そのような考え方もあります。自分たちがまず手を差し伸べることによって、相手からお返しを受け、また相手に何かをしてあげる。それを社会に役立てていく。それが好循環を生むのです。

シェアリングエコノミーの発想が根底にあれば、ビジネスの可能性が広がります。無料で商品やサービスを提供したり、自分たちから協力関係を持ちかけたり、あるいは新しい提案を次々に行えるようになったり。もちろん、自分たちのため、そしてお客さまのためにです。

ただ待っているだけでは、新しいビジネスを生み出すことはできません。自分たちから行動しなければ、チャンスをつかむことはできないのです。販売・商品を強化するために、互恵関係を結ぶ。そこからはじめましょう。

そもそも人間は、お互いに協力し合って成長してきたはずです。だれしも、自分ひとりでは生きていけません。いつの時代でも、それは同じです。

しかし現代においては、人間相互の関係性が希薄になっています。ビジネスでも同様に、互恵関係の重要性が見落とされているのです。だからこそ、あなたがリーダーになってください。

たとえば、顧客との接点が多い営業会社に対し、自社の商品も販売してもらうように委託するのです。その代わり、自社がもっている技術やノウハウを提供することで、新しいサービスの開発につなげられるようにします。そのような互恵関係は、ビジネスのあらゆるシーンにあふれています。

「共同開催」「共同開発」「ジョイントベンチャー」なども、互恵関係の一種です。ぜひ、あなたの身の回りにある互恵関係の事例を探してみてください。きっと、参考になることがたくさんあるはずです。

▼1か月3，000人来店の飲食店で、アンケート協力という新しいビジネス

たとえば、1日100人来ますという飲食店があるとします。1ヶ月で3，000人。

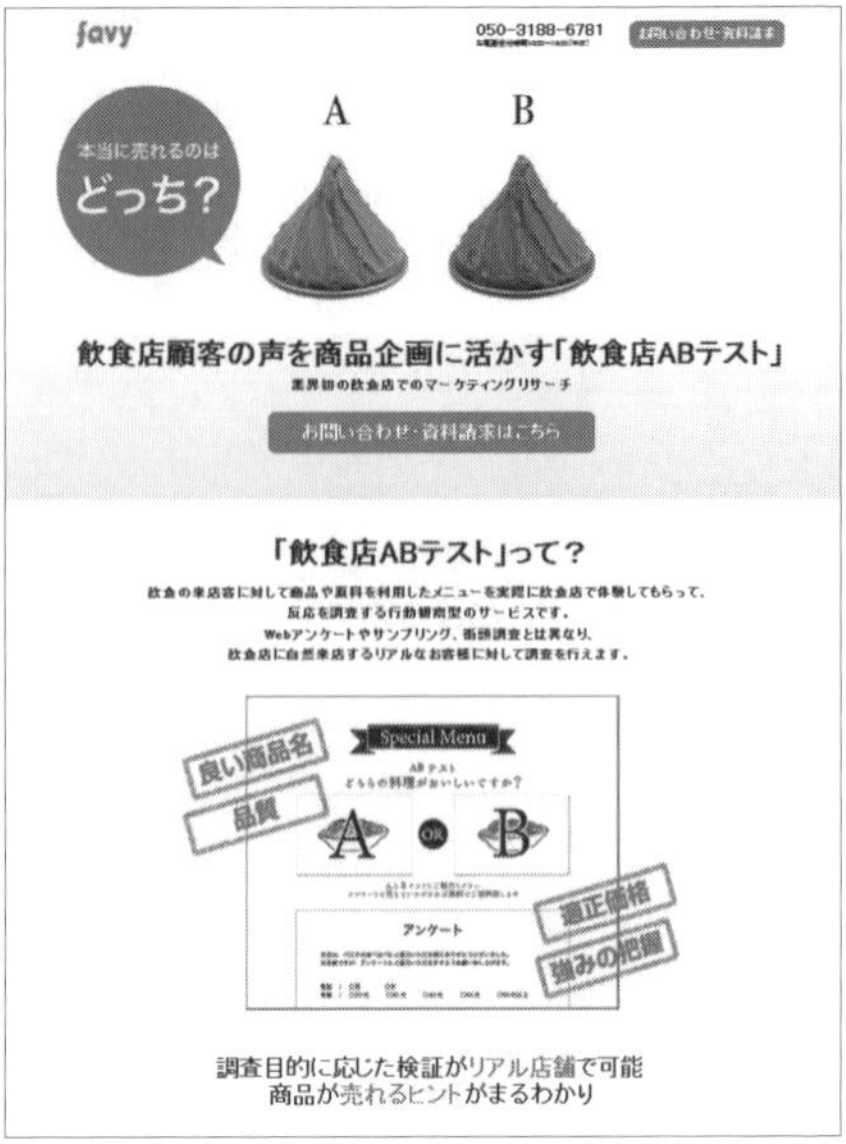

http://info.favy.jp/examinations/ab.html

この3，000人に対して他に何かビジネス（飲食店はあたり前ですが、この3，000人に食事などを提供してお金をいただいています）ができないかな、と考えてみましょう。

たとえば、中堅の食品メーカーがあったとします。食品メーカーはお客さまの志向などを組みとり、商品開発に役立てていきたいわけです。しかし、大手でもない限り、なかなか消費者の意見を大々的に聞くようなことは難しいのが現状です。そこでこの飲食店が協力をしてあげればよいわけです。

「うちのお客さまにモニターしてもらっていいですよ」とメーカーサイドが本来やらなければならないアンケートとかモニター業務を引き取ってあげたら良いのです。来た人に対して、無料提供なんですと言って、たとえば、パスタを提供しアンケートに答えてもらいます。もしこの1人のアンケートをメーカーサイドが自ら実施しようとすると、大きなコストがかかるわけです。

という中で、飲食店がちょっと頭を使って、女性のアンケートをとりたいんだというメーカーがあったときに「いいですよ。うちに女性のお客さまが来たときにアンケートを取りますよ」とするのです。たとえば1人アンケートを回収するのに自社でやった場合5,000円かかりますとなった場合でも、「うち、3,000円でいいですよ」と言えます。「それじゃあお願いします」となります。

飲食店としても新しいマネタイズになりますし、中堅の食品メーカーにとってもアンケートコストが一気に削れたりするわけです。アンケート協力のお客さまにはサンプリング商品を無料でご提供してあげるわけです。まさにシェアリングエコノミーというわけです。

株式会社ｆａｖｙが考案した上記の仕組は、本当に飲食店、メーカー、お客さまの3者が喜ぶ素晴らしい仕組です。この仕組みもまさに、シェアリングエコノミーですよね。

▼どのような役に立てるのか死にもの狂いで考える

「自分では役に立てません」と考えている人がいます。スキルもノウハウも、人脈もないから、と。しかし、そんなことはありません。「どうしたら役に立てるか」と考えることが大切です。

たとえば、facebookで友人や知人が多いのであれば、その中から、紹介できそうな人を探してみてください。ビジネスで役に立てそうにないのなら、人間として役に立てる方法を考えてみてもいいのです。あなたの得意なことで相手に貢献したらよいのです。得意というのを柔軟に考えてください。

専門分野がないなら、営業マンとして役に立てないだろうか。営業力に自信がないのなら、Ｗｅｂ担当者として役に立てないだろうか。要は、発想の問題です。いかに相手のことを考えて、イメージできるかどうかなのです。

大きな発想で考えてみれば、役に立てない人などいません。思いつかないのは、自分の役割を自分で勝手に決めてしまっているからです。人としてという一番大きな単位から考えれば、必ず何らかのカタチで貢献できるはずです。

一定の割合で仲間から紹介をもらえる状態であれば、営業活動はずっとラクになります。自分以外のアクションで売上の数%が保証されれば、どれだけ助かるのかは想像に難くありません。

集客や営業活動だけでなく、リクルーティングにおいても、互恵関係を生かすことはできます。どの企業でもいい人材の獲得に苦労しているものですが、人脈を形成しておけば、紹介してもらえる可能性も高まるのです。

ぜひ、自分ならではの役に立てるポイントを見つけてみてください。そして、自分が何をできるのか、積極的に伝えていきましょう。

▼自分からメリットを提示すること

他社と協力関係を築くためには、まず、自分からメリットを提示しなければなりません。つねに「何かください」という態度でいるのは問題ですが、あまりにへりくだっているのも、それはそれでマイナスの印象を与えてしまいます。

ビジネスというのは本来、相互に価値を提供し合うことによって、お互いにメリットを享受し合える性質のものです。まさにシェアリングエコノミーの考え方ですね。そのような発想があれば、自分がもらうだけという態度も、ペコペコするだけというのも、間違いということに気づけるはずです。

たまに「伊藤さんの仕事は慈善事業ですか」と言われることがあります。お金をもらっている、いないに関係なく何かできることをさせていただこうと動いているからです。もちろん違います。あくまでも営利活動です。しかし、時間軸をとらえ、中長期的な関係性の構築を重視しているからこそ、まずこちらから価値を提供しているだけなのです。

今、この瞬間にメリットがなくてもいいのです。点ではなく線で考えることで、より大きな価値を生み出せる可能性がある。それが大事なのです。(ライフタイムバリューの考え方とも同じです)。

チームという発想で言えば、あまり短期的な利益ばかり追いかけている人と付き合っても、よくありません。

協力関係を構築することによって、より大きな価値を生み出せること。シェアリングエコノミーという発想によって、社会に対して大きな貢献ができるということ。そういった考え方に、共感してもらえるような相手を探すことです。

▼お客さまの定義

ほとんど全ての起業家のお客さまの定義＝お金をくれる人、くれそうな人としていると思います。しかし、お客さまというのは必ずしもお金をくれる、くれそうな人だけではありません。会社の目的を達成するために力を貸してくれる人や会社は全てお客さまなのです。家族、友人はもちろん、業界、競合、地域社会、マスコミ、取引先。実は全ての存在がお客さまになりうるということです。もちろん従業員だってそうです。あなたが全ての人がお客さまになりうると考えて、相手の方に対して先にお役に立つことができれば、返

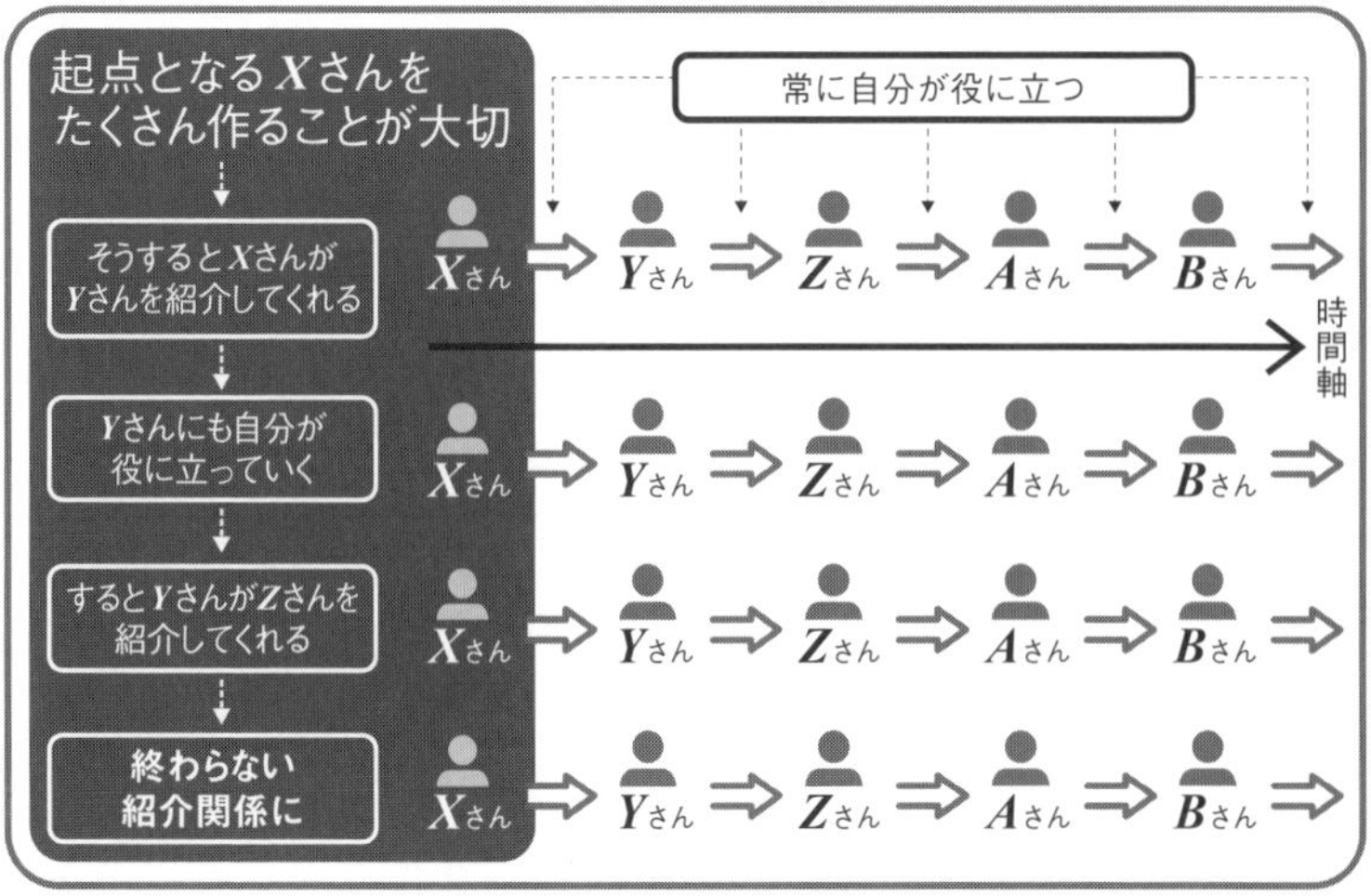

報性の法則によって、あなたに必ず返ってくるわけです。この対象を他の人よりも広くとらえることができればそれだけチャンスは広がっていくわけです。是非、お客さまの定義を見直してみて下さい。目の前の人からお金をもらえなくともよいのです。その目の前の人に良いことをしてさし上げた結果、別の方をご紹介していただき、その人にもよいことをしてさし上げる、また別の人をご紹介していただき、そこでお金をいただいたというのでよいわけです。

3 バーターでの取引を積極的に活用しよう

▼バーターによる協力関係

ビジネスを上手くやっている人は、つねに、返報性の法則を先に仕掛けています。まずは自分から手を差し伸べて、チャンスを提供しているのです。その結果、自分を中心としてビジネスを回すことができるようになります。

いわゆる「バーター」とは、物々交換という意味になりますが、より広い意味でとらえればシェアリングエコノミーと同じ発想になります。つまり、自分が何かを提供することによって、相手からも何かを提供してもらえるということです。これがお金のやりとりだけである必要がないということです。

ビジネスは、主導権を握っているものが強くなります。ただ仕事をもらっている企業というのは、自分で何かを生み出すことはできません。そうではなく、自分から率先して話を持ちかければ、そこからビジネスがスタートするのです。

たとえば、テレアポをしている会社はB to Bの営業においては、100件の電話で1件くらいしかアポイントがとれません。商材によってはもっと少ないこともあるでしょう。でも、もし自分がB　to　B向けにビジネスをやっていて、たくさんの経営者を知っていた場合どうでしょうか？　自分が自分のビジネスのために経営者に会う際に、ちょっと他の会社の商品やサービスのことを頭の中に入れておく。そしてちょっと提案してあげる。すると興味を持ってくれる経営者がいるかもしれません。この1件のアポを取るための、テレアポの100件の電話の工数の代わりになっているわけですよね。

その結果、アポイントを取ってあげた企業も、紹介された企業も（商品などが本当によければ）喜ぶことになります。返報性の法則によれば、アポイントを取ってあげた企業、紹介された企業から、何らかのお返しをしていただけるかもしれません。もちろん、いつでも直接的な見返りがあるとは限りませんが、目に見えないサービスを提供したことには変わりないのです。

紹介というカタチではなく、資本関係を結んだり、人的供給を受けたりするなど、できることはさまざまです。シェアリングエコノミーの発想があれば、バーターによる協力関係を構築することは難しくないのです。

商品やサービス、あるいはお金だけでなく、自分たちが持っているあらゆる資産に目を向けてみてください。その資産に魅力を感じる会社や個人は存在しませんか。そこからビジネスチャンスが広がります。

また、自分の専門スキルと相手の専門スキルを交換したってよいわけです。無料で営業のコンサルティングに入る代わりに、無料でホームページを作成してもらうということです。お金というのはあくまでも価値の交換の1つの手段にすぎません。お金がなくても何か得意なことや、相手に役に立つことができれば、あなたは足りないものを手に入れることができるわけです。

▼チームのような働き方へ

シェアリングエコノミーの発想があれば、すべての活動に無駄がなくなります。日々の業務も、勉強も、イベントも、すべてが線でつながるようになるのです。

たとえば、本書を読んでマーケティングの考え方を身につけることができたとします。内容をしっかりと理解することができた。そうしたら、その知識を仕事相手にも伝えてあげてください。これもまた知識や経験のシェアなわけです。

「このようにすればマーケティングを上手に実践できますよ」。そう教えてあげるだけでいいのです。あるいは、本書を紹介してみてください。相手の方は喜んでくれるかもしれません。

とくに、マーケティングの考え方というのは、知っているようでなかなか実践できていないものです。学問的には確立されていても、現場ではあまり活用されていないのです。

そこで、実践できるテクニックを教えてあげること。それもまた、リソースの共有ということになります。もちろん、自らが実践してみて、うまくいった方法を紹介してあげるのもいいでしょう。

普段から、相手に対してメリットを提供しようと考えていれば、人も情報も集まってきます。感度が高くなり、ビジネスチャンスが広がるのです。

まずは、どんなカタチでもいいので、チームのような働き方ができる相手を探してみてください。探してみれば、たくさんいるはずです。もちろん、これから会う新規の営業先でも問題ありません。

事実、シェアリングエコノミーの事業を行なっている企業のサービスを見てみると、そのような「こんないいサービスがあるんだけど知ってる?」という、親切心からスタートしていることが分かります。

空いている部屋を一般の人に貸すためのサービスであるAirbnbは、「うちの部屋、空いてるから使っていいよ」と伝えるためのものですし、配車サービスのUberは、「○○駅まで行くけど乗っていきたい人いる?」という発想がもとになっています。

このような、相互に価値を提供し合う発想こそ、これからの時代に必要なものではないでしょうか。この先、私たちが使っている資源はいずれ枯渇しますし、大量生産・大量消費というのは時代にマッチしていません。

これからの社会では、お互いがお互いを思いやり、声をかけ、ともにより良い社会を実現していく。そのような発想が不可欠だと思います。企業においても、そのような発想でどんどん連携していけば、より高い価値を社会に提供できるはずです。

▼互恵関係の重要性

自分たちだけでなく、周囲とも互恵関係を構築することにより、仕事の幅は大きく広がります。商品、サービス、販売、営業、その他あらゆる活動においてプラスにはたらくのです。

考えてもみてください。自分たちの会社の人員だけで商品を販売するのと、ありとあらゆる業種の企業100社と連携して商品を販売するのとでは、どちらが有利でしょうか。言うまでもありません。

そして、その100社が互恵関係の下、動ければ、ねずみ算式にビジネスが大きくなります。つながりが、さらなるつながりを呼ぶのです。

たまに、「お客さまがいません」と言う方がいます。でも、それはあり得ません。自分の商品やサービスが売れなくとも、繋がりのある会社の商品やサービスを提案したらよいわけです。テレアポの事例だってそうだったわけですよね。

つまり、お客さまがいないというのは、視野があまりに狭すぎる、ということです。自分たちのことだけでなく、周囲のことも考えれば、「お客さまがいない」などという発想にはなり得ません。

ただお金をくれる相手だけを、お客さまだと考えてはいけません。自分たちの商品やサービス、あるいはつながっている企業の商品やサービスによって、貢献できそうな相手をお客さまととらえることが大切です。

もちろん、ビジネスである以上、短期的なキャッシュも必要です。しかし、継続的に事業を営むことを考えるのであれば、視点をより広く、より未来に置くようにしてください。

ビジネス用語に「サステナビリティ」という言葉があります。その言葉の意味は、「環境、社会、経済という観点から、持続可能な活動をしていくこと」です。企業活動においても、自分たちの利益だけでなく、自社の存続だけでなく、環境、社会、経済という大きな観点から活動することが求められています。

自分の利益しか考えていない会社を、だれが好きになるというのでしょうか。自社の繁栄だけを考えている企業に、だれが投資したいと思うのでしょうか。とくにこれからの社会において、サステナビリティという発想は重要となります。
ぜひ、そのような高い倫理観をもってください。

4 力強い、結果を出す互恵関係のためには座組みがとにかく重要

▼喜んでパスを出せる起業家になろう

自分だけでなく、他の人もチームの一員だと考えられるようになったとき、仕事の仕方が変わります。直接的に、自分の仕事に結びつかなかったとしても、チームの仕事になればいいという発想になるからです。

そうした発想を持てれば、たとえばアポイントひとつとっても対応が変わります。これまでは、「自分の仕事にはなりそうにない」と思っていたものが、「自分の仕事にはならないけど、あの人に紹介すれば仕事になりそう」と思えるようになるのです。

その結果、費やした時間や労力が無駄になりません。「あの人」の仕事が自分の仕事のように感じられ、どのようなアポイントでも嬉しいわけです。もちろん、結果がでればもっと嬉しいわけです。

そして、返報性の法則によって、いつかは自分に返ってきます。お互いにいい関係性を構築できれば、半永久的に互恵関係を結べるわけです。そうなれば、新規に営業をかけるより、よっぽど効率的な集客ができるわけです。

自分のことしか考えていない人は、視野が狭くなりがちです。いつも急いでいて、つねにお金になる情報を探していますが、独りよがりなので、周囲の人間は少しずつ離れていってしまいます。しかし、それではビジネスが成り立ちません。

そうではなく、もっと広い視点から物事を見る癖をつけ、いろいろな人とともに結果を生み出せる関係性を構築し、チームのみんなに喜んでパスを出せるビジネスパーソンになってください。

いかに周りの人と力を合わせ、チームを組み、互恵関係を維持することができるか。それが、今後のビジネスを大きく左右することになります。自分たちから協力関係を打診することは、そのまま未来につながります。

相手のニーズが分からなければ、「何かお困りのことはありませんか？」と聞くだけでも構いません。まずはそこからです。その一言によって、次のビジネスに結びつく可能性もあるのです。しかし、できている人はほとんどいません。

いつもの商談の最後に、ちょっと聞いてみるだけでもいいのです。もしかしたら、大きな貢献ができるかもしれません。あるいは、将来的に考えて、非常に重要な関係性が構築できることも……。

まず、相手の役に立とうとしないと、提携は上手くいきません。そのうえで、行動から変えていってください。そして、お客さまとの話が終わったあと、「何か役に立てることはありませんか？」と聞くことを習慣にしてください。

▼変わるお客さまの定義

互恵関係が理解できれば、お客さまの定義はおのずと変わっていきます。返報性の法則が前提としてあるため、あらゆる活動がビジネスに結びつくことになるのです。

ビジネスが拡大できていない人ほど、お客さまという定義が狭いです。だからこそ、大きな絵が描けません。「ひとつあたりいくら」という発想に終止してしまうため、イメージが乏しいのです。それでは、ビジネスを拡大することはできません。

一見、慈善事業のような活動をしていても、結果的に強固な互恵関係やコミュニティーができあがっていることもあります。その理由は、シェアリングエコノミーという発想が根底にあるためです。僕たちが行っている活動である「TERACOYA」も、同様の考え方にもとづいています。

1日で1,000人以上の起業家が集まるお祭りのようなイベントです。自社にとってはPRをはじめ、見込みのお客さまを一気に増やすとてつもなく有難い機会です。しかしこのイベント自体、実に数多くの会社さんとチームとなって企画、運営をしているわけです。自社のみでは1,000名なんて集められないわけですが、多くの会社さんが協力をしてくださってメディアにも出るようなイベントになりました。イベントを通じてPRや見込みのお客さまの獲得に大きく寄与することはもちろんなのですが、一緒に主催する仲間である他の会社との信頼が一層深まり、その後のビジネスに発展していくなど大きな効果があります。

周囲との関係性をあらためれば、ビジネスは急成長する可能性があります。お客さまの定義が変わり、あらゆる人が顧客になるのです。そして、お金という貨幣が、ただの交換手段でしかないことに気づけるようになるはずです。

そもそも僕たちは、何のためにビジネスをしているのでしょうか。目的はどこにあり、最終的にどこに向かっているのでしょうか。そう考えたとき、短期的なお金だけを追うことは間違っていると、思い直していただけることでしょう。

あなたは今後、どんな人と付き合っていきたいと思いますか。自分のことしか考えず、自分の利益しか追いかけない人と一緒にビジネスをしていきたいと思いますか。そのような人はいないと思います。

　周囲との協力関係を模索し、自ら積極的に価値を提供してくれる人。そのような人たちとビジネスをしたいと思うのが普通です。

　そのためにはまず、あなた自身が、そのような発想を持てるようになってください。自分の仕事だけでなく、関係するあらゆる人の仕事を得ることを意識するのです。もちろん、動機は自分のビジネスを盛り上げるためでいいのです。

　セコくなってはいけません。賢くなりましょう。周囲にメリットをもたらすことで、自分たちも成長していける。そういった発想があるということです。

　ビジネスを俯瞰してみることで、あなたが貢献できる要素はたくさんあるはずです。狭い視野ではなく、広い視野であなた自身のビジネスを見つめ直してみてください。可能性はどこまでも広がっています。

　そのうえで、自分から率先して関係性を構築していくこと。周りが上手くいっていないのであれば、自分が潤滑油になろうと努力すること。そうした行為が、結果的にあなたの会社を盛り上げることにつながるはずです。

▼銀行を味方にする

互恵関係を構築するとなったとき、すでにいる周囲の人たちと良好な関係を築くだけでなく、ぜひ、自らがリーダーになろうと努力してみてください。チームの中の1メンバーに甘んじるのではなく、リーダーシップを発揮することが大切です。

たとえば僕たちウェイビーのお客さまは、起業する人たちです。会社をつくりたいと考えている人たちです。そうすると、銀行口座が必要になります。その結果、銀行にお客さまを紹介できるようになります。

そもそも銀行の仕事は、預金を集めて、貸し出しを増やす。この2つが大きな仕事です。銀行からすると、銀行口座をつくってもらうことがスタートなわけです。だからこそ、口座をつくってもらうことは重要なのです。

そのため、銀行員には口座開設の目標数があります。もちろん、よりたくさんの口座を開設してもらいたいと考えているわけです。そこで僕たちが紹介してあげれば、当然、喜んでくれるのです。

するとどうなるか。僕たちが銀行を頼りたいとなったとき、丁寧に話を聞いてくれます。場合によっては、多少の無理も聞いてくれるのです。

このように小さいながら信頼関係を築いていくことで、銀行からお客さまを紹介していただけるようにもなりました。僕たちの同業の会社であっても、銀行をお客さまにご紹介していない会社のほうが多いと思います。それはお客さまのことを考えていないからです。自分の役割を、自分が勝手に定義してしまっているのです。ただただもったいないですよね。3者がＷＩＮの関係をつくれるにもかかわらず。

まず、自分たちがリーダーシップを発揮して、相手に価値を提供する。その結果、返報性の法則によって価値を返してくれる。そして僕たちのビジネスも加速する。

まさに、理想的な関係にあるのです。

もし僕たちが、「会社ができました。ありがとうございました」と表面的な付き合いのみしていたとしたら、銀行とのパイプなど構築できていません。

しかし、ビジネスを時間軸でとらえ、シェアリングエコノミーの発想で行動することにより、互恵関係を築けているのです。

互恵関係が広がれば、ビジネスのチャンスが広がります。銀行というパイプが、新しいお客さまを紹介してくれることもあるのです。

このような視点がないと、どんどん無駄が増えてしまいます。単純にもったいないです。互恵関係が築けないばかりか、すべての相手と一から交渉しなければならない。そうなると、時間も労力もかかります。

できることなら、今日この瞬間から、意識を切り替えてみてください。次に会った人に対して、「この人に対してはどんな価値を提供できるだろうか」と考えてみるのです。そして、自分から切り出してみましょう。

シェアリングエコノミーの発想があれば、これから会う人すべてに対して、対応が変わります。そしてその対応いかんによって、あなたの未来も決まると思ってください。大げさに感じるかもしれませんが、要は、それができるかできないか、なのです。

あなたにとっての当たり前が、他人にとっては大きな価値がある、ということもあります。つねに、アンテナを張ってみることです。役に立とうとする意識こそ、あなたの会社、商品・サービスを大きく変えるきっかけとなります。

年間数千枚を経営者に配る、僕の名刺の裏には、仲の良いお客さまである起業家のサービス紹介などを記載しています。僕にとってはごくあたりまえの社長同士の名刺交換が、他の誰かにとっては喉から手がでるほどほしい機会なのです。名刺を渡して、興味を持ってもらった場合には、その場で、よければ一度ご紹介してもよいですか、とお引き合わせの約束をしています。

5 1人が100人分頑張るのではなく、100人が1人のために頑張ってくれるようにする

▼目標設定の重要性と柔軟性について

2010年8月、病気をきっかけに、資本金5万円、小学校の友人3名と突然会社を設立したとき、イメージしていたのは「自分たちで世界を変えよう」というものでした。漠然としていますが、気持ちとしてそれしかなかったのです。何もないところから「世界を変える」と言うと、今考えるとちょっと恥ずかしくも思います。

もともとは、「世界にいい波を起こしたい」という気持ちがあったのですが、リアリティをもって考えられてはいませんでした。そんなことできるのか？「ちょっと違うかもしれない」と思っていました。それほどに力が全くなかったのです。

けれども、会社を設立する以上、何らかの目標は決めなければならない。そこで、「自分たちはどうあるべきか」と改めて考えた結果、「世界を変える」というイメージが出てきたのです。

それから始まり、ビジョンは少しずつ変わっていきました。

数年前は、「世界で1番、起業家を大切にする」ということを言っていました。さらに

別の軸では、「世界で1番、起業を知っている会社になる」とも言っていたのです。世界で1番、起業について知っているということはつまり、起業相談に来た人に対して、より最適な提案ができる会社であるということです。そのためには、世界中のあらゆる起業に関する実際を知っていなければなりません。

起業したいというすべての人に対して、あらゆる連携を模索できる会社になる。そうすれば、画期的な事業ができると考えていたのです。

僕たちが何をやるべきか、どこに向かっているのかということについては、今でも考えていますし、日々、変わっていくものだと思います。

▼今後の時代は仲間やコミュニティーといった信用が会社経営上の最大財産になる

現在ウェイビーでは、起業家向けの「チャレンジャーズ」という勉強会を開催しています。当初は数十人規模の勉強会でしたが、どんどん参加者が増え続けています。今のペースで増えていくと2年後には2，000人規模にまで成長することを見越しています。

今、起業家のコミュニティーで1番大きいものの1つに、「アタッカーズ」という大前研一さんが主催しているものです。設立から19年ほど経過しています。7，000人弱の参加者です。

それを知ったとき、「勝てるかもしれない」と思いました。つまり、僕たちが1万人規模の勉強会を実施できるようになればいいのです。2年で2，000人なので、1万人もそれほど難しいとは思っていません。

1万人の起業家を集められれば、日本で1番、起業家を応援していると言えます。僕たちは、そこにコミットしてビジネスを進めているのです。

もし、1万人の起業家がいればどうなるのか。いろいろなお客さまがつながり、新しいビジネスが生まれ、想像を超えた化学反応が起きる。考えただけでもワクワクするようなことが待ち受けています。社会に対しても大きな貢献ができるでしょう。

そしてそのコミュニティーは、僕たちの財産になるはずです。そう信じて、活動を続けています。

▼「起業家とともに世界を変える」

はじめのうちは「世界を変える」という、今考えるととても無鉄砲な目標を掲げていたわけです。しかし、事業を行なっていくうえで、そのような発想が少しずつカタチを変えました。

そして、その先にあるのは、「起業家とともに世界を変える」というビジョンです。見事に最初の目標とつながりました。しかもこれなら、現実味があります。事実、1万人の起業家、1万社の企業が集まれば、世界を変えることができると思っています。7年を経てようやく腹落ちした理念に至りました。ただこれからもっともっと変わっていくかもしれません。

コミュニティーに参加している人たちは、すべて仲間です。困ったときは助け合い、協力し、ともに成長していく。まさに互恵関係にあるのです。

世界には、さまざまな問題があります。日本国内だけ見ても、なかなか解決できない問題がたくさんあります。しかし、ビジネスの観点から、「こんな問題があるんだけど、協力してもらえませんか?」と呼びかければ、解決の糸口が見えてくるかもしれません。

ここまでくると、もはや会社という概念は当てはまりません。一緒に仕事ができる仲間なのです。そういったチームに参加している人たちが1万という数字にまで拡大すれば、1社1億円でも1兆円規模になるのです。

このように、自分の目標は、必ずしも自分だけで達成する必要はありません。コミュニティーを形成し、仲間になり、ともに達成していけばいいのです。そうすれば、どんなに誇大妄想のような目標も、達成することができるのです。

あなたも自社内外に強い絆を形成し、会社の財産にしてください。

今までのように、一つの会社が、いろいろなものや人を囲い込んでビジネスをする時代から、あきらかにさまざまな会社や人などと協業する時代へと変わってきています。

第5章

お客さまとの関係強化、成長をしていく術

売る前のお世辞より
売った後の奉仕、
これこそ永久の客を作る。

松下 幸之助

1 バランスよくお客さまとお付き合いする

▼起業した後にありがちな「成功の罠」

事業が軌道に乗ってきた起業家においてありがちなのが、「お客さまへのアプローチがおろそかになる」という現象です。売上があがり、収益があがり、目に見えて利益が増える。そうなると、お客さまへの対応が当初よりも悪くなってしまうのです（意図せずして）。

本書でもくり返し述べているように、企業はお客さまがあってこそ存在することができます。つまり、お客さまがいなければ、企業が存在している意味はないのです。

ですので、お客さまへの対応に問題が生じるということは、企業の存続すらも危ぶまれる事態になりかねません。その点をいま一度、肝に銘じておいてください。

「初心に帰る」という言葉があります。こと企業におけるお客さま対応という点に関して言えば、経営者も従業員も、つねに初心に帰る必要を迫られていると言っても過言ではありません。もっと言えば、初心のままやり続ける必要があります。

問題はどこにあるのか。気の緩みなのか、オペレーションの不備なのか、理念やビジョンが浸透していないからなのか。そのように、お客さまへの対応がおろそかになっている問題部分を明らかにし、早急に対応するようにしてください。

そもそもお客さまは、大きく分類すると2種類になります。つまり、「新規客」と「既存客」です。このうち、いずれのお客さまも重要であることに変わりはありません。

この新規のお客さまと既存のお客さまに対して、バランスよくリソースを振り分けることができるように社内で体制づくりをしていかなければなりません。

▼新規営業の重要性とは

お客さまの数が増えてくると、やがて、「新規の営業はもう必要ないのでは」と感じられることもあるかもしれません。しかし、新規のお客さまはつねに必要です。

なぜなら、仕事のスキルも提供できる価値も、すべては数（量）がもとになっているからです。既存客のみでビジネスをまわすということは、顧客の絶対量が増えていかないことになります。そうなると、商品・サービスの価値のレベルが停滞してしまう可能性があるのです。

ここまでに何度か繰り返してきましたが、数があるからこそ、新しい発見があるのです。新しい発見があるからこそ、商品開発に生かせるのです。そのサイクルを回し続けることが大切です。

自分自身を強くするためには、新規のお客さまがいないといけません。もちろん既存のお客さまも大事にしなければなりませんが、それだけでは成長し続けることは不可能なのです。場合によっては、馴れ合いに近い関係性になってしまうこともあるでしょう。

たしかに、収益の面では問題ないと感じることもあるでしょう。既存客のフォローや紹介から集客できるのであれば、それだけコスト削減につながります。しかしそれでも、将来のことを考えれば、好ましい状況であるとは言えないのです。

ビジネスを大きく成長させるには、絶対的な数が必要です。量をこなすことで、会社も個人も強くなります。つねに新しいお客さまとふれ合うことで、刺激を得て、情報を得て、新しい価値を提供していけるのです。

循環しない水は、やがて濁ってしまうものなのです。

▼既存のお客さまに対してのCSの確認を絶対に怠らないようにすること

あなたの今があるのは紛れもなく、最初のお客さまがいてくださったからです。そのため、既存のお客さまに対してのサービスの強化を、必ず毎年新しくするべきだと思っています。新規のお客さまと既存のお客さまに同じものを売ろうと思ったときには、最大で10倍以上の営業コストの差があるとも言われるくらい、既存のお客さまは大切な存在です。

あなたのことや会社のことを既に知ってくれている存在なのです。既存のお客さま向けには、そのCS（お客さま満足）を常にカウントし、向上させる施策を取り続けるべきです。ここでおススメなのは、先にも書きましたが、時間軸の発想を使い、お客さまとの付き合う接点を増やすことです。また、既存のお客さまにアンバサダー（＝大使）といかになっていただくかです。既存のお客さまの圧倒的なファン化ということです。既存のお客さまがあなたの会社の広告塔になっていただけるような仕組みを考えられるとよいですね。既存のお客さまがアンバサダーになってくれる理由は、やはりCSが高いことにあります。

1００の期待値に対して、1００ではなかなかアンバサダーになってくれません。1００の期待値に対して2００を取りに行くような施策を打ちましょう。

先に書いた、お花屋さんの既存のお客さま向けに、お花摘み体験ツアーを無料でご招待（P．58）などのアイデアは、お客さまからするとそんなお花屋さんは、ないだろうし、今まで経験したこともないと思われます。なので、大きく期待値を超えることができますよね。

2 既存のお客さまへのフォローアップの部隊を早急につくるべし

▼既存客へのフォロー

いいサービスを提供している会社には、自然と、新規のお客さまが増えていきます。口コミや新規の紹介、情報の露出が増えていくためです。

しかし、そのようなときこそ、お客さまのフォローアップに注意しなければなりません。ここでフォローに手を抜いてしまえば、一気に信用を失ってしまいかねないのです。

忙しくなればなるほど、お客さまのフォローが弱くなってしまうのは、ある意味では仕方がないことです。しかし、そのようなときこそ、既存客のフォローに力を入れるようにしてください。若い会社によくある話ですが、営業は強くガンガンお客さまは増えているものの、そのお客さまに満足のいくサービスを提供できていないという状態がよくあります。どうしても売上を重視するあまり、お客さまの満足（顧客満足）がついていかないということも本当に多くあります。そのような状態が続いてしまうと、大きなトラブルが生じて、悪評となってしまうこともあります。

そもそも、新規客へのアプローチも、既存客のフォローも、どちらも本質は一緒です。

いずれにしても、顧客満足を高めるための活動に他ならないのです。つまり、既存客へのフォローがおろそかになってしまうということは、顧客満足に対する意識が欠けているということです。

あえて分けて考える必要はありません。むしろ、「既存客だから時間と労力を割く必要はない」と考える方が、どうかしています。どちらも大切なお客さまなのです。

たとえ一時的に損をすることになっても、会社の利益を還元するようなイメージで、新規客および既存客に対応するようにしてください。交流会やイベントなど、ちょっとした工夫でフォローすることが可能です。

新規客へのアプローチと、既存客へのフォロー。その両方に対して、バランスを考慮しつつ、真摯に応対することが大切です。

▼なぜアフターフォローが必要なのか

既存客へのアフターフォローは、事業にどのような影響を与えるのでしょうか。いくつか考えられます。

まず、リピートしてもらえること。商品やサービスを提供して「はい、終わりです」というような対応をしていては、次の機会をいただくことは難しいのが実情です。やはり、その後のことも考えて、丁寧にフォローしていくことが、リピート客の獲得には欠かせないのです。

広義のアフターフォローを活用することで、圧倒的なユーザーを獲得しているのがGoogle社です。そもそもGoogleが提供しているのは、インターネット上に乱立する情報を検索するための検索エンジンです。しかし、メールや共有サービス、クラウドなど、派生するサービスを次々に提供することで、ユーザーの囲い込みに成功しています。

もしGoogleが、検索エンジンを提供するだけの会社であったらどうでしょうか。「勝手に検索していいですよ。ただし、有料になります」というサービス内容になっていたかもしれません。そうなれば、現在のように世界中のユーザーを獲得することはできていなかったと思います。

そうではなく、「検索エンジンを活用するユーザーにとって、さらに便利なサービスを提供するにはどうすればいいのか」と考え続けた結果、すべてのユーザーに無料でアフターフォローすることによって、世界を代表する企業になりました。

Googleが掲げている理念のうち、1番目にあるのは次の言葉です。

〝ユーザーに焦点を絞れば、他のものはみな後からついてくる（Focus on the user

and all else will follow.)〟

この視点こそ、企業にとって欠かせない、マーケティング思考ではないでしょうか。

▼アフターフォローから新サービスを開発することもできる

また、丁寧にアフターフォローすることによって、新しい商品やサービスの着想にもつながります。なぜなら、アフターフォローという過程を経ることによって、既存の商品やサービスのネガティブな反応が得られるからです。

「もう少しこうなればいいんだけど……」「この機能が追加されていればもっと便利になるんだけど……」「御社がこんなサービスを提供していれば助かるのに……」。そのようなお客さまの声は、購入時ではなく、アフターフォローする際にはじめて得られます。

さらに、一般的なレビューとは異なり、アフターフォローであればその場で対応することも可能です。そのようなお客さまとのコミュニケーションは、顧客満足の向上に必ず役立つことでしょう。

情報収集という観点から言えば、お客さまの視点に立って情報を得ようとする姿勢が大切です。普段から、「自分がユーザーだったらどう感じるだろうか」と考えるようにすることで、より魅力的な商品やサービスを開発することができるようになります。

お客さまから得られた情報については、社内のデータとして蓄積しておくことで、ビッグデータとしての活用も可能です。ビッグデータとは、収集された大量のデータのこと。そのデータをコンピューターで分析することで、企業活動に役立てることができるのです。

人力でアフターフォローをしている企業（たとえば保険販売員など）は営業マンのスキルによって、提供する価値と収集する情報に差が生じてしまうという問題があります。そのようなことが無いように、アフターフォローのやり方は社内であらかじめテキストにしておくことが大切です。

アフターフォローは、目の前のお客さまをより満足させることだけでなく、企業の将来にわたって必要な施策です。短期的なメリットだけで考えるのではなく、中長期的な発想で、お客さまへのフォローアップを実践していきましょう。

お客さまとの距離の近さ、接触の頻度、深さということは会社にとっては生命線になります。答えはいつも現場にあります。会社が順調に大きくなっていったとしても、お客さまに触れつづける仕組みづくりを必ず構築するようにしてください。

3 提供しているベネフィットの精度をどんどん改善し、単価を上げていく

▼付加価値をつけて単価を上げる

そもそも、物やサービスが売れる理由には2つの種類があります。1つは「あったらいいな」というニーズがある場合。もう1つは、「なくては困る」というニーズがある場合です。

「あったらいいな」というサービスには、よほどのことがない限り、人はお金を払いません。しかし一部の人は、そこに可能性を見出し、お金を投資しているのです。

一方で、「なくては困る」というサービスは、自然に売れていきます。とくに必要性および緊急性が高いものは、無理に営業活動をしなくても、必然的に買われていくのです。

当然のごとく、ビジネスとしては「なくては困る」というサービスの方が、売上をあげるのはカンタンなわけです。つまり、そうしたサービスに近づけていくことが、事業を成長させるためには必要なのです。

たとえば、日本でミネラルウォーターを売るとなると、おおむね100円前後でしか売れません。さらに、価格を調整したり、付加価値をつけたりしないと、なかなか買ってく

れないのです。

ただし、この水を砂漠地帯で販売したらどうでしょうか。砂漠には水がありません。生き延びるためには、何としてでも水を手に入れなければならないわけです。もし目の前に、3日ほど水を飲んでいない人がいたらどうでしょうか。きっと、100万円でも買ってくれるはずです。

これは極端な例ですが、ベネフィットから価値を逆算すれば、単価を高めていくことは可能です。必要性や緊急性を高めたり、付加価値をつけたりすることによって、価格交渉が可能となるのです。

▼変化するモノの値段

同じ商品でも、「だれに売るのか」「いつ売るのか」「どこで売るのか」によって、モノの値段は変化します。ベネフィットそのものが、状況やターゲットユーザーに応じて変わるからです。

前述したように、同じ水でも、ペットボトルに入れて日本のコンビニで販売する場合と、砂漠地帯で販売する場合では、大きく値段が異なります。

また、同じ日本という環境においても、ウォーターサーバーとセットでレンタルすることによって、継続的な契約も可能となります。その結果、短期的には500ミリリットルで100円だったとしても、中長期的には大きな売上となるのです。

大切なのは、自分たちの商品やサービスが、どのようなベネフィットを提供できるのかと、つねに考えるということです。発想の違いによって、単価を高めることができるのです。

それなのに、いつまでもコンビニで売り続けて、ライバルに囲まれていながら、「単価があがらない。どうしたらいいだろう……」などと悩んでいても仕方がありません。そこは激戦区ですし、日本では容易に水を入手できるのですから。

まずは、ベネフィットを変化させることができないかどうか、考えてみてください。そして、どのようにベネフィットを変えれば単価をあげやすいのか、試行錯誤をくり返してみるのです。

専門性を高める、継続取引にする、セット販売する、売る場所や時間を変える……。方法はさまざまです。ぜひ、商材やサービスに応じて、検討してみてください。

▼お客さまの満足度

ベネフィットを考えるときに、あわせて、お客さまの満足についてもイメージしてみてください。お客さまがその商品やサービスを購入することによって、どのような満足を得られるのかということです。

ガソリン代を気にしている人に対して、「今のクルマよりもリッターあたり10キロも走りますよ」と営業すれば、お客さまの満足度が高まりますので、購入してもらえる可能性があります。ベネフィットの分、車体価格を上げても問題ないのです。

しかし一方で、フェラーリのような高級車に乗っている人に対し、同じような提案をしたらどうでしょうか。「いや、リッターあたりの距離よりも、走りを追求したいから」と、断られてしまうでしょう。そもそも、求めているものが違うのです。

このように、お客さまがどうやったら満足するのかということを考えれば、アプローチの方法も変わります。そして、最適なアプローチをすることによって、これまでよりも価格をあげることもできるのです。

ガソリン代がお得になるのであれば、その分だけ値上げしてもいいのです。フェラーリが好きな人に対して、日本に数台しかないフェラーリを売るのであれば、プレミアム価格で売ってもいい。要は、アプローチの問題です。

そのベネフィットを享受したときに、より満足する人はだれなのか。その満足度によって、どのくらいの価格を設定することが妥当なのか。さらに価格をあげるには、どのような満足を付加すればいいのか。ぜひ、顧客視点で考えてみてください。

また、価格という観点から言えば、各種コーヒーチェーン店の取り組みが参考になります。

スターバックスは、コーヒーにこだわる人の居心地を追求することで、場所代としての価格を実現しています。

一方でドトールは、低価格でコーヒーを提供することで、わずかな時間しか利用しない人や若者を取り込むことに成功しています。

また、名古屋発祥のコメダ珈琲はどうでしょうか。一見、ただの昔ながらのコーヒー店なのですが、そのレトロ感に対し、当時の愛好家たちが魅了されています。スターバックスともドトールとも、他のコーヒー店とも異なる戦略なのです。

このように、お客さまに対してどのような価値を提供するのかによって、戦略的な価格設定が可能となります。自分たちで価格の主導権をにぎれるよう、工夫してみることが大切です。

4 1つのサービスに固執をしないで、核となるお客さまに向けた関連サービスをつくっていくべし

▼新しいサービスをつくろう

まずは、いずれかの領域で1番を目指すこと。そのうえで、とにかく数をこなすこと。それがビジネスにおけるファーストステップです。

1番になる領域は、どんなに小さくても構いません。とにかく、ナンバーワンというポジションを築くことが大切です。自分が取り組んでいる領域を細分化し、とにかく勝つことが大事です。

数をこなせば、自然と質も高まっていきます。そして、質が高まっていくとブランドへと昇華します。それが、数がもたらす好循環です。そのとき、あなたのビジネスには、1つの主軸ができたことになります。

ただし、そこでビジネスは終わるわけではありません。さらなる成長を目指し、新しいサービスをつくってください。1つの商品やサービスに固執する必要はありません。核となるお客さまを見極めて、サービスをつくり続けるのです。小さくても作った1つの領域で少しのお金が生まれ、このお金を使って次の商品・サービスに投資をして新しい価値を

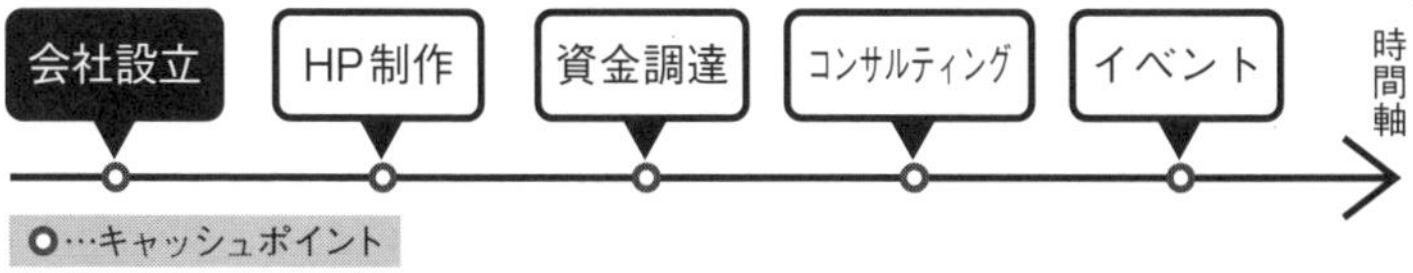

複数のキャッシュポイントを持つことで¥50,000円の会社設立を¥10,000円に下げたりできるわけです。そのことによって一層お客さまが来てくださったり、他社との決定的な差を生むことができます。

生み続ける訳です。

たとえば、会社設立代行というサービスから開始して、創業支援、ホームページ制作、融資、コンサルティング、イベントなど、お客さまに喜ばれるサービスを開発するといいでしょう。

結果的に、お客さまが喜ぶことをしていれば、顧客満足度はどんどん高まります。それがやがて収益となり、会社の成長につながるのです。

▼お客さまのニーズや成長に応じてサービスをつくっていくと

会社にとって収益を安定化させるためには、２つの施策が必要だと思います。

・複数のキャッシュポイントを持つこと
・ストックでの売上構造を持つこと

です。

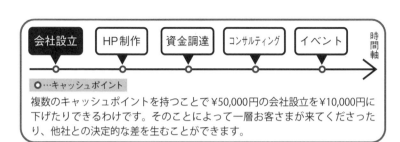

1つの事業のみで売上の100%を占めているという状態は、かなり絞り込まれていて一見するとすごく効率的な部分もあります。しかし、この変化の劇的に早い現代にあって、変わらないものというのはないといっても過言ではありません。そのように考えると、一本足打法の経営はリスクが高すぎます。その意味においても、お客さまの時間軸の変化に応じて、新しいサービスを展開していくことはとても効率的に複数の事業のキャッシュポイントをつくることができます。僕たちも、最初は会社設立、創業者向けの資金調達の事業で大きな売上を持っていました。ただそこだけに固執することはなく、そこから、お客さまの売上に貢献したいと、ホームページの制作、コンサルティング、コミュニティー、投資事業など、様々な事業を立ち上げ、キャッシュポイントとなっています。

また、複数のキャッシュポイントを持てるようになるとよいことが他にもあります。それは、1つの商品しかないと、価格の決定をその1つのサービスにかかる原価などから計算することになりますが、複数あると、それが多ければ多いほど、1つのサービスを赤字で提供したとしても、どこかのサービスの利用でトントンとなり、さらにもう1つのサービスの利用で黒字化できるといった戦い方ができるようになります。つまり他社が一本しかサービスをやっていないとしたら、自社は他社とのサービスにおいては、他社よりも安い価格設定で多くのお客さまに来ていただくという戦略が取れるということです。他社への優位性の確保にもつながり、新規のお客さまに来つづけていただく理由もできあがるわけです。もちろんビジネスにおいて1番大切な数にも大きく影響を与えます。

もう1つのストック構造の売上を持つということですが、僕たちは携帯電話のキャリアに対して、毎月お金を支払っていますよね。これがストックの売上です。ストックの売上を持つことで、会社の売上はとても安定するわけです。

▼1回1回の支払う＝フローのお金のもらいかたをストック構造に変えると

多くの方が使用しているAdobeのソフト。とくに「Illustrator」や「Photoshop」などは、デザインの現場で欠かせません。定期的に更新しており、その度に稼いでいます。Windowsなども同様のビジネスモデルです。

ただ最近では、売り方が少し変わってきています。これまでは新しいソフトが販売される度に、購入するのが普通でした。しかし現在は、クラウドタイプのものも登場しています。要は点から線への移行です。ストック構造に変えたわけです。

たとえば、Adobeのソフトが全部使えて月4,900円。オフィスの基本ソフトが月10,000円などです。初期費用が安いため、ユーザーが増えるきっかけとなります。

ユーザーが増えると何がいいのか。もちろん、収益が増えるわけですが、それだけでなく、実績が増えるので宣伝効果もあるのです。

また、お客さまと接する機会が増えます。最低でも月に1回、ソフトの更新をするかどうかを考えることになるからです。

このようにユーザーとの接点を増やす努力は大切です。お客さまと接するシーンが増えることによって、総報酬が増えるだけでなく、チャンスも広がっていく。そのソフトについてお客さまが考える場面が多くなる。いいことだらけです。

最近では音楽の定額配信、雑誌の定額での読み放題など、1回1回買っていた（フロー）形からストックのビジネスモデルに変わってきているケースがとても目立ちますね。

フローのビジネスをストックに変えるだけで、大きなチャンスが生まれてきます。

マッサージやコーヒーなどの回数券の仕組は、フローと完全定額の間のようなイメージでしょうか。お金のいただき方1つとっても、ビジネスは大きく変わっていくのです。

▼核となるお客さまに寄り添い続ける

あなたの事業に価値をもたらしてくれるのは、不特定多数の人ではありません。あくまでも、あなたの事業にとって核となるお客さまです。

核となるお客さまは、商品やサービスの種類によって異なります。規模も数もそれぞれ違うのです。しかし、つね日頃から「私たちのお客さまはだれか」と考え続けていれば、見失うことはありません。

企業本位の商品やサービスは、やがてお客さまから支持を得られなくなります。なぜなら、競合他社がより良い商品やサービスを提供するかもしれませんし、代替されるものが登場するかもしれないからです。

そのとき、自分たちのことを考えていない企業の商品やサービスを、手に取る人はいません。マーケットをまったく無視して、企業が営業活動を営むことはできないのです。

歴史ある日本の大手企業が、世界の新興企業に大きく水を開けられている事例は枚挙にいとまがありません。その背景にあるのは、自分たちの商品やサービスを過信し、顧客視点を失ってしまったという事実ではないでしょうか。

時代は変わる。お客さまも変わる。顧客視点をつねに持ち、核となるお客さまに寄り添い続けること。そういった姿勢なしに、企業が大きく成長することはないのです。

5 サービス提供の人数を本当に限定し、そのポリシーを守り続けるべし

▼ポリシーを曲げないこと

営業という意味においては、「どこに営業をかけるのか」という点にも注意してください。自分たちでは気がつかないうちに、既存客の競合に対してサービスを提供しているということがあるかもしれません。

そもそも、ビジネスはお客さまを守ること、喜ばすことが目的です。それにも関わらず、お客さまに損をさせてしまうようなサービスを提供してしまえば、本末転倒です。

たとえば僕たちの会社で言えば、最初の段階で、「神奈川県の税理士さんは4事務所までしか応援しません」と決めていました。もし、神奈川の税理士さんを10事務所も応援すれば、結果的に競合してしまうからです。それは僕たちのポリシーにそぐわないということです。

だれでも構わずに営業活動をしていると、「お客さまを喜ばせる」という本来の目的から離れていってしまいます。そうならないために、既存客へのフォローアップとのバランスを保つべきなのです。

地域、ジャンル、業種など、競争関係になり得る営業先はたくさんあります。ぜひ、お客さまが損をしないカタチで、サービスを広めていってください。

少なくとも、お客さまの利益をしっかりと考えておくべきです。同じ業界が得意だからといって、競合同士をサポートすること。それは、理由がない限りあってはいけません。このように地域での数を限定することで、商品として力強い商品となりますよね。

数を稼ぐことも大切ですが、倫理に反してまで数を稼ぐ必要はありません。ポリシーを曲げてしまっては意味がないのです。健全なビジネスをしていきましょう。お客さまを喜ばすことが僕たちの目的なのです。

▼社員のモチベーションをあげる「働く動機」

世界の叡知が集うことで有名なTEDカンファレンスにも登壇したことがある、行動経済学者のダン・アリエリー氏は、仕事における意義の重要性について、次のような趣旨の発言をしています。

〝雇う側も雇われる側も、何のために仕事をしているのか、その意義を理解するだけでなく、意義における重要性の度合いについてもしっかりと知るべきだと思います。そして、自分が「これだけやったのだ」と言える、十分な努力ができる環境をつくっていくことが、素晴らしい組織、素晴らしい社会を創出していくことにつながるのではないでしょうか。〃

このことは何を意味しているのでしょうか。私たちは、お金のためだけに仕事をしているのではありません。そこには、働く意義が必要なのです。

企業が理念やビジョンを掲げている理由もそこにあります。「お金がたくさん稼げますよ」「もっと豊かになれますよ」。そのようなメッセージだけでは、優秀な人材を獲得し続けることはできません。そこで、会社の理念に共感してもらったり、ビジョンに未来を感じてもらったりする必要があるのです。

その結果、従業員が抱く仕事に対するモチベーションは大きく変わります。仕事への意欲が高まるのです。経営者が正しいポリシーを持ち、そのポリシーを従業員に共有することは、会社全体の士気にもつながります。従業員は当たり前ですが商品・サービスの根幹そのものなわけです。どのような意識で働いているのか、は目的を達成する為にとても大切なことです。

▼自分を信じられるものだけが価値を生み出していく

企業が提供する価値とは何でしょうか。社会に対する良い影響であり、お客さまに役立つことです。そのような価値を提供するために企業があり、仕事があるのです。

もちろんビジネスである以上、大変なことも多いものです。お客さまからのクレーム、取引先からの厳しい要求、社会の変化に対する対応。ビジネスとは、日々、トラブルの連続です。

そのような状況において、あきらめずに価値を提供し続けられる人というのは、目的がお金なのではなく、自分が信じているポリシーの実現です。自分自身を信じ、価値を提供すると決意し、お客さまに寄り添い続ける。その結果、偉大な商品やサービスが生まれます。

何があっても、最後まであきらめないこと。そして、自分たちのお客さまから目を背けないこと。それが事業をするうえで、絶対に欠かせない思想です。

途中であきらめてしまえば、お客さまに価値を提供することはできません。また、お客さまのことを見なくなってしまっても同様です。

「すべてはお客さまのために」。そのような発想を根底に持ちつつ、マーケティングを実践していきましょう。

あとがき

「お客さまをもっと喜ばせたい」

このことを否定する起業家はいないのではないでしょうか？
起業家の目的は、お客さまを喜ばすことです。
お客さまの喜ばし合いの競争をしているのです。
誰が一番お客さまを喜ばすことができたのか？
徹底的にお客さまのことを考えましょう。
圧倒的にお客さまのことを驚かしましょう。
誰よりもお客さまのことを尊敬しましょう。
世界で一番お客さまに触れましょう。

ビジネスがうまくいっていないとしたら、
・自分を守っていないか？
・お客さまを他社よりも喜ばしているのか？
を是非確認してみてください。

お客さまとは、お金をもらっている人だけではありませんでした。すべての人や会社、団体などがお客さま＝あなたの協力者になりえるのです。自治体、国、すべてです。

現在は大きな時代の転換を迎えています。働き方、個々人の価値観、国の置かれている状況、ＩＴ、グローバル化など、大きく前提が変わってきています。そんな状況の劇的な変わり目にあっても、ビジネスにおける成功の本質は、信用とお客さまにあなたが何を提供しているのか、に他なりません。たくさんの人に応援される起業家に是非なりましょう。

ちょうどあとがきを書いている日が、30歳を迎える前日でした。

23歳で病気をし、30歳までしか生きられなかったらどうしようと思った年を迎えます。

お客様想いの素晴らしい起業家が地球上に溢れるために、死にもの狂いで頑張ります。

伊藤　健太

【著者略歴】

伊藤《いとう》　健太《けんた》

慶應義塾大学在学時にリクルート主催のビジネスコンテストに優勝。就職した金融機関を9か月で退職し、23歳のときに、病気をきっかけにし、小学の大親友4名と全くの経験なし、資本金5万円で起業。7か月売上0の状態が続き、どん底を経験。ひょんなことから会社設立のお手伝いを開始。

約6年が経ち、年間起業応援数3，000社以上となり、国内屈指の起業の応援家となる。ベンチャー投資も4社に渡り、特に、起業家のための実践的マーケティング手法には抜群の定評があり、起業に関する著書が23歳での出版を皮切りに、既に6冊（現在執筆含む）、NHK、各種新聞、メディアなど多数出演。

日本最大規模の起業イベントTERACOYA主催
国内最大の起業情報メディア「助っ人」運営。
https://suke10.com

2016年10月には、世界経済フォーラムの33歳以下のコミュニティーである、グローバルシェイパーズに選抜される。

自立した、お客さまを爆発的に喜ばす、起業家育成を目的に、起業家コミュニティー「チャレンジャーズ」を主催。

伊藤へのご質問やご相談、講演依頼などは
お気軽にこちらまでメールください。
✉ ito@wavy4.com

起業家のためのマーケティングバイブル

2017年3月15日　初版第1刷発行

著　者——伊藤　健太
発行者——脇坂　康弘
発行所——株式会社　同友館
〒113-0033
東京都文京区本郷3-38-1
TEL 03-3813-3966
FAX 03-3818-2774
http://www.doyukan.co.jp/

印　刷——三美印刷
製本所——松村製本

Printed in Japan　ISBN978-4-496-05263-7

起業家のための
マーケティングバイブル
購入者特典!!

『**起業家のためのマーケティングバイブル**』を買って下さり、誠にありがとうございます。

著者の株式会社ウェイビーの伊藤健太です。

僕の6年間の経験を本に書かせて頂きました。

内容はいかがだったでしょうか？本を買って下さって本当に嬉しく思っています。この嬉しい気持ちを是非、直接会ってお伝えしたいですし、本には書けなかった、まだまだ色々なお話がございます。

今回、購入者限定の特典として無料の伊藤による
マーケティングセミナー動画と
無料セミナーをご用意いたしました！

無料動画プレゼント!!

伊藤の基本的なマーケティングの考えを動画で見ませんか？

無料ご招待!!

著者 伊藤健太による起業・マーケティングセミナーにご招待！

特典ご希望の方は、**info@wavy4.com** まで
「**起業家のためのマーケティングバイブル購入特典希望**」と
メールにタイトルを入れて送信をしてください。

あなたのビジネスの飛躍のきっかけになることを
お約束致します。
伊藤健太